公共体育项目教程

主　编　翟翠丽　周　丽

副主编　何　飞　高杨峡　黄建团　张盈迎　杨继镐　张树滑

中国水利水电出版社
www.waterpub.com.cn

·北京·

内 容 提 要

本教材秉承国务院印发的《国家职业教育改革实施方案》和教育部颁布的《全国普通高等学校体育课程教学指导纲要》的精神，在内容上打破学科理论体系、知识本位的束缚，加强与体育项目技术的联系，突出应用性与实践性，关注技术发展带来的学习内容与方式的变化；在格式上改变以往传统风格，采用课前自学、拓展阅读、课后提升等模块引起学生对课程的兴趣。本书可作为职业院校体育教学用书，也可作为初、中、高级阶段的学生自主学习、锻炼的指导性用书或参考书。

通过对本教材的学习与实践，学生可以掌握体育基础理论知识、项目基本技能的运用，在锻炼中体验运动的乐趣和成功的喜悦，并养成终身体育的意识。通过对民族传统体育项目历史起源、文化内涵等学习，增强学生的文化自觉、自信、自强的同时弘扬民族精神，有利于铸牢中华民族共同体意识。

图书在版编目（C I P）数据

公共体育项目教程 / 翟翠丽，周丽主编. -- 北京 ：
中国水利水电出版社，2023.9（2024.7重印）
高等职业教育通识类课程新形态系列教材
ISBN 978-7-5226-1658-2

Ⅰ．①公… Ⅱ．①翟… ②周… Ⅲ．①体育－高等职
业教育－教材 Ⅳ．①G807.4

中国国家版本馆CIP数据核字（2023）第134000号

策划编辑：周益丹　　责任编辑：张玉玲　　加工编辑：周益丹　　封面设计：梁燕

书　　名	高等职业教育通识类课程新形态系列教材 **公共体育项目教程** GONGGONG TIYU XIANGMU JIAOCHENG
作　　者	主　编　翟翠丽　周丽 副主编　何飞　高杨峡　黄建团　张盈迎　杨继镉　张树滑
出版发行	中国水利水电出版社 （北京市海淀区玉渊潭南路1号D座　100038） 网址：www.waterpub.com.cn E-mail：mchannel@263.net（答疑） 　　　　sales@mwr.gov.cn 电话：（010）68545888（营销中心）、82562819（组稿）
经　　售	北京科水图书销售有限公司 电话：（010）68545874、63202643 全国各地新华书店和相关出版物销售网点
排　　版	北京万水电子信息有限公司
印　　刷	三河市鑫金马印装有限公司
规　　格	184mm×260mm　16开本　13.75印张　349千字
版　　次	2023年9月第1版　2024年7月第2次印刷
印　　数	7001—14000册
定　　价	45.00元

高等职业教育通识类课程*新形态*系列教材

总策划　陈秀泉

编委会

主　任　黄春波

副主任　王　敦　陈秀泉

编　委　王　景　何红梅　黎天业

　　　　翟翠丽　阳代军　吴小宁

　　　　蒋戴丽　曾　静　何　飞

序

没有通识教育，就没有大学。作为一名从事人文教育研究近 30 年的教师，我对这一说法深以为然。亚里士多德说："人是有理性的动物。""理性"是人之所以为人的一个重要标准。理性来自博学多识，来自知自然人文、晓古今之事、通情而达理，也就是通常说的通识教育。

党的二十大报告提出："我们必须坚定历史自信、文化自信，坚持古为今用、推陈出新，把马克思主义思想精髓同中华优秀传统文化精华贯通起来、同人民群众日用而不觉的共同价值观念融通起来，不断赋予科学理论鲜明的中国特色，不断夯实马克思主义中国化时代化的历史基础和群众基础，让马克思主义在中国牢牢扎根。"通识教育的思想在我国可谓源远流长，《易经》提出"君子多识前言往行，以畜其德"；《中庸》主张"博学之，审问之，慎思之，明辨之，笃行之"。大学通识教育从性质上说，就是办学思想，是高等教育的重要组成部分；从目的上说，是通过增加学生知识的广度与深度，拓宽学生的视野，使学生兼备人文素养与科学素养，把学生培养成"全面发展的人"。《中国教育现代化 2035》中将"以德为先，全面发展，面向人人，终身学习"作为教育现代化的基本理念，这与通识教育的理念和目标不谋而合。

当前，我国高等职业院校都开设了一定数量的通识教育类课程，但不少学校和教师认为通识教育就是加强学生的人文修养，增加学生的人文知识，提升学生的审美品位，并未充分认识到我国高等职业教育已经从规模扩张进入到内涵建设的新阶段，高等职业院校应更加注重学生道德情操和社会主义核心价值观的培养，更加注重学生知识广博性和心智的培养，应该把帮助学生了解自己与社会、文明与文化、科学与技术、过去与未来作为职业教育的一个重点，从而实现高等职业教育指导思想和办学观念的根本转变。

大学通识教育应该"通"什么、"识"什么，仍是一个值得讨论的问题。不同层次的大学、不同层次的教育，应该掌握的通识知识是有差异的。就高等职业教育而言，学生应该通过通识教育，具备良好的品德，具有较好的人际互动和团队合作能力，具有比较广阔的社会视野，成为一个具有较高素养的公民。学生在语言素养上，应该具有较好的沟通表达能力；在艺术素养上，应该具有较高的人文艺术和美感品位；在科学素养上，应该具有较强的思考、创造、自学能力和关怀生命、关怀自然的意识，应该拥有健康的体魄与心理调适能力。

正是基于以上对通识教育的认识和理解，我们编写了这套高等职业教育通识类课程新形态系列教材，探索构建与一流高等职业教育相适应的通识课程体系。系列教材策划编写力求体现"**普、新、特、实**"四个字。

"**普**"，就是基础性综合性视角。这套教材基于通识教育理念编写，既包括阅读与写作、高等数学等基础性课程，也包括大学生心理健康、公共体育、八桂文化等内容，旨在培养学生的思维能力、人文素质、人际沟通交往能力等，为学生终身成长和可持续发展奠定基础。

"**新**"，就是新形态教材形式。本套教材以新的形态组织内容，以融媒体等形式立体化呈现内容。

"**特**"，就是体例和撰写特色。在系列教材中，我们将以新的编排体例，为学生的学习和实操带来新体验和感受。

"**实**"，就是务实和实用。整套教材的内容选择和实操任务设置从高等职业教育特点出发，注重通识教育的实用性，既利在当前，又着眼长远，让学生在受到广泛通识教育的同时，在实操项目的情境化设置中提高动手能力和创造力。

这套教材的编写旨在为高等职业院校内涵建设打开一扇窗，为高等职业院校通识教育贡献绵薄之力。

陈秀泉
写于金葵湖畔

前　　言

国务院印发的《国家职业教育改革实施方案》提出了"三教"（教师、教材、教法）改革的任务。"三教"改革中，教师是根本，教材是基础，教法是途径，他们形成了一个闭环，系统地解决了教学系统中"谁来教、教什么、如何教"的问题，其落脚点是培养适应行业企业需求的复合型、创新型高素质技术技能人才。

党的二十大报告指出："广泛开展全民健身活动，加强青少年体育工作，促进群众体育和竞技体育全面发展，加快建设体育强国。"学校是承载历史文明、传播先进文化和培养优秀人才的重要场所，高校体育迅速朝着和谐与科学的方向发展，是广大高校体育工作者面临的重要课题。多年以来，为改革高校体育教学内容，人们做了大量有益的工作，体育教学是高校教育的重要组成部分，教材是教学过程中的基本因素和主要媒介，因此教材的质量将直接影响教学的效果。

本教材注重理论与实践相结合，教学内容的选择上力求符合当代学生的身心特点与运动需求，融合健身性与文化性、选择性与实效性、传统性与现代性、科学性与实施性。本书共分三部分十九章，第一章为绪论，主要阐述了体育的概念、内容与分类、特征与功能。第二章介绍体育的历史进程，即体育的起源、体育的历史发展历程及趋势。第三章介绍体育竞赛组织与编排，主要涉及体育竞赛概述、体育竞赛的组织管理。第四章至第九章依次讲解了传统体育项目田径、气排球、羽毛球、乒乓球、迷你网球及极限飞盘。第十章至第十九章讲解民族传统体育项目，包括太极拳、抛绣球、板鞋竞速、蚂蚁捉害虫、跳竹竿、滚铁环、珍珠球、舞龙、舞狮、柔力球等项目的概述、基本技术及易犯错误、场地、器材和规则。

本教材由翟翠丽（北京体育大学中国武术学院2022级博士研究生；南宁职业技术大学人文教育学院副教授）、周丽（郑州大学体育学院—校本部）任主编，何飞（南宁职业技术大学）、高杨峡（南宁职业技术大学）、黄建团（广西民族大学）、张盈迎（北京体育大学）、杨继镉（广西民族大学）、张树滑（广西外国语学院）任副主编，参与编写的还有北京体育大学段全伟、王维燕、刘一凡，南宁职业技术大学刁军辉、李婷婷、刘甫敏、钟贞奇、苏娟、周英、赵飞燕、梁乃春、何剑锋、吉子明、卢凌涛、赖永军、甘宁、梁桓珲、杨大宁，九江学院李放，贵州师范大学李军，东南大学马山原，广西民族大学刘宽、范嘉乐等。教材的编写是个艰辛的过程，在此过程中我们得到了各方面的热情支持、鼓励和帮助，中国水利水电出版社的编辑为此付出了艰辛的劳动，在此，我们一并表示衷心的感谢。

由于作者水平有限，编写时间仓促，书中不免有疏漏和错误之处，请广大教师和读者不吝指正。

编者

2023 年 4 月

目　录

序
前言

第一部分　体育基础

第一章　绪论 ································ 2
　课前自学 ····························· 3
　　第一节　体育的界定、内容与分类 ···· 3
　　　一、体育概念的界定 ··············· 3
　　　二、体育的内容 ··················· 3
　　　三、体育的分类 ··················· 5
　　第二节　体育的特征与功能 ·········· 5
　　　一、体育的特征 ··················· 5
　　　二、体育的功能 ··················· 6
　拓展阅读 ····························· 7
　课后提升 ····························· 7
第二章　体育的历史进程 ··············· 8
　课前自学 ····························· 9
　　第一节　体育的起源 ··············· 9
　　　一、生产劳动的需要 ··············· 9
　　　二、军事训练的需要 ··············· 9
　　　三、身体信仰崇拜的需要 ··········· 9
　　　四、种族繁衍的需要 ··············· 10
　　　五、经济活动的需要 ··············· 10

第二节　体育的发展历程及趋势 ········· 10
　　一、古代体育的起源、盛行与成熟 ····· 10
　　二、西方体育文化的传入 ············· 11
　　三、中华人民共和国成立
　　　　后体育的发展 ··············· 12
　　四、现代化背景下体育的发展趋势 ····· 13
　拓展阅读 ····························· 14
　课后提升 ····························· 14
第三章　体育竞赛组织与编排 ········· 15
　课前自学 ····························· 16
　　第一节　体育竞赛概述 ············· 16
　　　一、体育竞赛的概念 ··············· 16
　　　二、体育竞赛的分类 ··············· 16
　　第二节　体育竞赛组织管理 ········· 16
　　　一、基本内容 ··················· 16
　　　二、竞赛规程 ··················· 17
　　　三、体育竞赛编排 ··············· 17
　拓展阅读 ····························· 25
　课后提升 ····························· 26

第二部分　传统体育项目

第四章　田径运动 ····················· 28
　课前自学 ····························· 29
　　第一节　田径运动概述 ············· 29
　　　一、田径运动的概念及起源 ········· 29
　　　二、田径运动的发展概况 ··········· 29
　　　三、田径运动的分类 ··············· 30
　　第二节　田径运动的基本技术 ······· 31
　　　一、短跑基本技术 ··············· 31

　　二、中长跑基本技术 ··············· 33
　　三、跳高基本技术 ··············· 35
　　四、跳远基本技术 ··············· 36
　　五、推铅球基本技术 ··············· 38
　拓展阅读 ····························· 39
　课后提升 ····························· 39
第五章　气排球 ····················· 40
　课前自学 ····························· 41

第一节　气排球运动概述 …………… 41

第二节　气排球基本技术及易犯错误 … 41

　一、准备姿势与移动技术 ………… 41

　二、发球技术 …………………… 42

　三、垫球技术 …………………… 44

　四、传球技术 …………………… 46

　五、扣球技术 …………………… 47

　六、拦网技术 …………………… 48

第三节　场地、器材和规则 ………… 49

　一、场地 ………………………… 49

　二、器材 ………………………… 49

　三、规则 ………………………… 49

拓展阅读 …………………………… 50

课后提升 …………………………… 51

第六章　羽毛球 …………………… 52

课前自学 …………………………… 53

第一节　羽毛球运动概述 …………… 53

第二节　羽毛球基本技术及易犯错误 … 54

　一、握拍法与持球法 ……………… 54

　二、发球与接发球技术 …………… 54

　三、击球技术 …………………… 56

　四、羽毛球基本技术常见错误

　　及纠正方法 …………………… 60

第三节　场地、器材和规则 ………… 60

　一、场地 ………………………… 60

　二、器材 ………………………… 61

　三、规则 ………………………… 61

拓展阅读 …………………………… 63

课后提升 …………………………… 64

第七章　乒乓球 …………………… 65

课前自学 …………………………… 66

第一节　乒乓球运动概述 …………… 66

第二节　乒乓球基本技术及易犯错误 … 67

　一、准备姿势 …………………… 67

　二、握拍法 ……………………… 67

　三、步法 ………………………… 68

　四、发球 ………………………… 69

　五、接发球 ……………………… 70

　六、攻球技术 …………………… 70

　七、弧圈球技术 ………………… 71

　八、削球 ………………………… 72

　九、乒乓球易犯错误及纠正方法 … 72

第三节　场地、器材和规则 ………… 73

　一、场地 ………………………… 73

　二、器材 ………………………… 73

　三、规则 ………………………… 73

拓展阅读 …………………………… 74

课后提升 …………………………… 74

第八章　迷你网球 ………………… 75

课前自学 …………………………… 76

第一节　迷你网球运动概述 ………… 76

第二节　迷你网球基本技术 ………… 76

　一、握拍方法及球性练习 ………… 76

　二、正手击球技术 ……………… 77

　三、反手击球技术 ……………… 78

　四、发球技术 …………………… 78

　五、截击技术 …………………… 79

　六、高压球 ……………………… 80

第三节　场地、器材和规则 ………… 81

　一、场地 ………………………… 81

　二、器材 ………………………… 82

　三、规则 ………………………… 82

拓展阅读 …………………………… 83

课后提升 …………………………… 83

第九章　极限飞盘 ………………… 84

课前自学 …………………………… 85

第一节　极限飞盘运动概述 ………… 85

第二节　极限飞盘基本技术 ………… 85

　一、双手接盘 …………………… 85

　二、反手直线掷盘技术 …………… 86

　三、正手直线掷盘技术 …………… 88

第三节　场地、器材和规则 ………… 88

　一、场地 ………………………… 88

　二、器材 ………………………… 88

　三、规则 ………………………… 89

拓展阅读 …………………………… 90

课后提升 …………………………… 90

第十章　太极拳 ·······················92

课前自学 ·····························93

第一节　太极拳运动概述 ···········93

第二节　太极拳基本技术及套路 ···94

一、太极拳基本技术 ···············94

二、太极拳基本套路 ·············100

第三节　场地、器材和规则 ·······108

一、场地 ·····························108

二、器材 ·····························108

三、规则 ·····························108

拓展阅读 ···························109

课后提升 ···························110

第十一章　抛绣球 ·················111

课前自学 ···························112

第一节　抛绣球运动概述 ·········112

第二节　抛绣球基本技术及易犯错误 ···112

一、高杆抛绣球的基本技术及

易犯错误 ·····················112

二、背篓抛绣球的基本技术及

易犯错误 ·····················113

第三节　场地、器材和规则 ·······116

一、场地 ·····························116

二、器材 ·····························116

三、规则 ·····························117

拓展阅读 ···························118

课后提升 ···························118

第十二章　板鞋竞速 ·············119

课前自学 ···························120

第一节　板鞋竞速运动概述 ·······120

第二节　板鞋竞速基本技术及

易犯错误 ·····················121

一、板鞋竞速基本技术 ···········121

二、板鞋竞速易犯错误 ···········122

第三节　场地、器材和规则 ·······122

一、场地 ·····························122

二、器材 ·····························122

三、规则 ·····························122

拓展阅读 ···························123

课后提升 ···························123

第十三章　蚂蚜捉害虫 ·········124

课前自学 ···························125

第一节　蚂蚜捉害虫运动概述 ···125

第二节　蚂蚜捉害虫基本技术及

易犯错误 ·····················126

一、蚂蚜捉害虫基本技术 ·······127

二、蚂蚜捉害虫易犯错误 ·······128

第三节　场地、器材和规则 ·······128

一、场地 ·····························128

二、器材 ·····························128

三、规则 ·····························129

拓展阅读 ···························130

课后提升 ···························131

第十四章　跳竹竿 ·················132

课前自学 ···························133

第一节　跳竹竿运动概述 ·········133

第二节　跳竹竿基本技术及易犯错误 ···133

一、跳竹竿基本技术 ···············133

二、跳竹竿易犯错误 ···············137

第三节　场地、器材和规则 ·······138

一、场地 ·····························138

二、器材 ·····························138

三、规则 ·····························138

拓展阅读 ···························139

课后提升 ···························139

第十五章　滚铁环 ·················140

课前自学 ···························141

第一节　滚铁环运动概述 ·········141

第二节　滚铁环基本技术及易犯错误 ···141

一、滚铁环基本技术 ···············141

二、滚铁环易犯错误 ···············144

第三节　场地、器材和规则 ·······145

一、场地 ·····························145

二、器材 ……………………………… 145
三、规则 ……………………………… 145
拓展阅读 …………………………………… 146
课后提升 …………………………………… 147

第十六章　珍珠球 …………………………… **148**
课前自学 …………………………………… 149
第一节　珍珠球运动概述 ………………… 149
第二节　珍珠球基本技术及注意事项 …… 149
一、水区技术 ……………………… 150
二、封锁区技术 …………………… 153
三、得分区技术 …………………… 153
第三节　珍珠球运动战术配合 ………… 154
第四节　场地、器材和规则 …………… 155
一、场地 …………………………… 155
二、器材 …………………………… 155
三、规则 …………………………… 157
拓展阅读 …………………………………… 159
课后提升 …………………………………… 160

第十七章　舞龙 …………………………… **161**
课前自学 …………………………………… 162
第一节　舞龙运动概述 ………………… 162
第二节　舞龙基本技术及易犯错误 …… 163
一、龙珠基本技术 ………………… 163
二、舞龙基本技术 ………………… 165
第三节　场地、器材和规则 …………… 170
一、场地 …………………………… 170
二、器材 …………………………… 170
三、规则 …………………………… 170
拓展阅读 …………………………………… 172
课后提升 …………………………………… 173

第十八章　舞狮 …………………………… **174**

课前自学 …………………………………… 175
第一节　舞狮运动概述 ………………… 175
第二节　北狮基本技术及易犯错误 …… 176
一、狮头握法 ……………………… 176
二、狮尾握法 ……………………… 176
三、狮头基本手法 ………………… 177
四、北狮基本步法 ………………… 179
五、北狮形态技术动作 …………… 180
六、北狮神态技术动作 …………… 184
七、北狮难度动作 ………………… 186
八、引狮员基本动作 ……………… 187
第三节　场地、器材和规则 …………… 187
一、场地 …………………………… 187
二、器材 …………………………… 187
三、规则 …………………………… 189
拓展阅读 …………………………………… 191
课后提升 …………………………………… 192

第十九章　柔力球 …………………………… **193**
课前自学 …………………………………… 194
第一节　柔力球运动概述 ………………… 194
第二节　柔力球基本技术及易犯错误 …… 195
一、柔力球套路技术 ……………… 195
二、柔力球竞技技术 ……………… 197
三、柔力球易犯错误 ……………… 202
第三节　场地、器材和规则 …………… 202
一、场地 …………………………… 202
二、器材 …………………………… 203
三、规则 …………………………… 204
拓展阅读 …………………………………… 206
课后提升 …………………………………… 206

参考文献 …………………………………… **207**

第一部分　体　育　基　础

第一章 绪 论

 学习目标

1. 对体育概念等基础知识建立初步认识。
2. 了解体育文化的本质内容，为之后体育理论与技能的学习奠定基础。

 能力目标

1. 了解体育概念的发展史。
2. 理解体育的多种分类形式及分类依据，内化体育的本质内涵。
3. 掌握体育概念等完整知识体系与框架。
4. 提升体育文化素养与知识储备。

 素质目标

1. 提高读者分析能力与逻辑梳理能力。
2. 学会以整体思维去看待新事物、新思想。
3. 促进身心素质的全面发展与人的社会化。

 **思政目标**

1. 了解我国优秀传统体育文化的渊源。
2. 强化文化传承意识，坚持"取其精华，去其糟粕"与"守正创新"的传承原则。
3. 厘清体育与自然、社会、人之间的关系，培养爱国主义精神。

思维导图

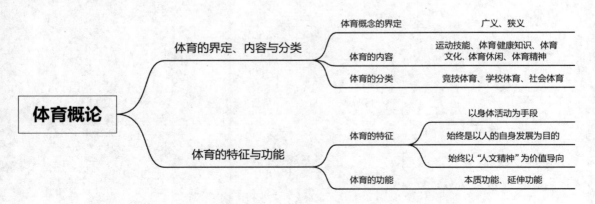

课前自学

第一节　体育的界定、内容与分类

一、体育概念的界定

"概念"是指人们对于客观世界中抽象事物的主观意识反映，通过文字对其进行归纳整理，最后以一种可视化、易理解的形式呈现在人们面前，它是反映事物本质属性的思维方式。体育是一种普遍的社会文化现象，无论是我国古代的蹴鞠、射箭、锤丸、角力、武术、马球、摔跤，还是西方古罗马、斯巴达的斗兽表演、军事体操，其与体育的内涵、本质属性、原理基本一致，不过那个时期并没有人将这些活动定义为体育。体育的概念是在体育活动出现很久之后才被提出的，中间经过多次修改完善，最终将体育的概念分为广义和狭义。

（一）体育的定义（广义）

"体育"一词最早出现在 18 世纪 60 年代法国教育家卢梭的名著《爱弥儿》中，其中"体育"用来指代身体教育过程。人们为了更加准确地定义体育的概念，从体育的本质、体育的属性以及体育与人的关系等多个维度去探索，最终得到体育的广义概念，即体育是指以身体练习为基本手段，以增强人的体质，促进人的全面发展，丰富社会文化生活和促进精神文明为目的的一种有意识、有组织的社会活动。它是社会总文化的一部分，其发展受一定社会的政治和经济的制约，也为一定社会的政治和经济服务。

（二）体育的定义（狭义）

体育，顾名思义就是身体教育。因此，人们通常在教育学的范畴去定义体育的概念，也就是学校体育概念或称其为体育的狭义概念，即在学校教育为主的环境中，以传递体育文化，增强学生体质，培养学生的道德意志品质为目的，通过身体运动、卫生保健等手段，在教师的指导下，开展的一些有计划、有目的、有组织的教育活动。

二、体育的内容

体育的内容主要包括运动技能、健康知识、体育文化、体育休闲，以及体育精神等五个方面。随着体育的不断发展，其内容也在不断丰富。

（一）运动技能

运动技能指个体在进行特定运动活动时所需的技巧、动作和能力。它涉及到对运动规则、战术策略以及实际操作的理解和应用。运动技能的学习和发展需要通过不断的练习、训练和反馈来提高。运动技能主要从以下几个方面来理解，第一，技巧和动作。运动技能包含各种技巧和动作，这些技巧和动作是根据运动要求和规则而进行的。第二，任何运动技能的训练一定以良好的协调和灵活性作为基础。良好的协调性和灵活性对于运动技能的发展至关重要。第三，对战术和策略的合理运用。个体需要根据比赛的情况制定相应的战术计划，并在比赛中灵活执行，个人运动技能服务于整个团队，以获取优势和取得胜利。第四，运动技能的提升和发展必须通过科学的训练来实现。

（二）体育健康知识

体育健康知识指有关体育活动和运动健康的相关信息和理念。包括了促进人们参与体育运动以保持身体健康的知识、技能和实践，旨在提倡全面的身体、心理和社会健康。首先，体育锻炼与合理的锻炼计划对身体健康的重要性值得重视。其次，体育项目的选择、热身活动与放松练习是体育健康中所囊括的一个大学问。在选择体育项目时，必须结合自己实际的身体状况来慎重选择。最后，良好的饮食习惯与伤病防护在体育健康中至关重要。合理的饮食搭配和营养摄入，以满足身体在运动过程中的能量需求和营养补给。

（三）体育文化

体育文化是指在特定社会和历史背景下，以体育为核心的一系列观念、价值、活动和习俗的总和。它涵盖了人们对体育的认知、理解和实践，以及与体育相关的艺术、教育、传媒、经济和社会等方面的内容。首先，体育的历史与传统是理解体育文化的敲门砖。体育文化承载着丰富的历史沿革和传统习俗。其次，体育艺术和表演是扩充体育文化内涵的重要手段。体育文化将体育与艺术相结合，创造了丰富多样的体育艺术形式，如体操、花样滑冰、舞蹈体操等。同时，它还涵盖了体育赛事中的表演元素，如开幕式、闭幕式、音乐和舞蹈表演等。最后，体育经济和产业是体育文化实践价值的重要体现。体育文化催生了庞大的体育经济和产业系统，包括体育赛事组织、体育用品制造、体育旅游等。这些产业为社会创造了就业机会，推动了经济发展，并丰富了体育文化的内涵。

（四）体育休闲

体育休闲是指以体育活动为基础的休闲方式，旨在通过锻炼身体、放松心情和享受乐趣来提高生活质量。它强调在休闲时间内积极参与各种体育运动，以促进身心健康、缓解压力和增强社交互动。体育休闲的作用主要体现在以下几个方面：首先，锻炼身体。体育休闲通过各种体育运动，如跑步、游泳、打球等，让人们积极参与体育活动，增强肌肉、改善血液循环、提高心肺功能等，这有助于预防慢性疾病，保持身体健康。其次，放松心情与促进社交互动。体育休闲能够帮助人们释放压力，减轻焦虑和紧张情绪。再次，提升生活质量。体育休闲有助于提高人们的生活质量。定期进行体育锻炼可以改善身体素质、增强免疫力，进而减少疾病的发生。最后，推动可持续发展。体育休闲也与环境保护和可持续发展密切相关。总之，体育休闲是一种积极健康的生活方式，通过参与各种体育活动来提高身心健康、放松心情和丰富休闲生活。

（五）体育精神

体育精神是指在体育运动中展现的一种积极向上的态度和价值观，它强调团队合作、奋发进取、公平竞争和坚持不懈的精神。体育精神是一种综合性的品质，涵盖了许多方面的内容。首先，团队合作与公平竞争精神。体育精神倡导团队合作的重要性。在体育运动中，团队成员需要相互配合、互相支持，并在共同的目标下为团队取得胜利努力。体育精神鼓励个人为集体利益而奋斗，并在团队中发挥自己的优势。其次，坚持不懈和自我超越精神。体育精神鼓励个人在面对困难和挑战时坚持不懈。再次，乐观自信精神。要关注自己的身体状况，积极参与体育活动，享受运动带来的乐趣和好处。体育精神不仅是在体育比赛中体现出来，它更是一种价值观和生活态度，可以贯穿于个人的日常生活和各个领域。

三、体育的分类

关于体育的分类，大概归纳可分为以下三种，第一种，按照体育的适用领域可分为：竞技体育、学校体育、社会体育；第二种，按照体育的功能可分为健身体育、竞技体育；第三种，按照受众群体可分为：精英体育、大众体育、民间体育三种。根据学界与公众认可，第一种分类是最合理且认可度最高的，即体育分为竞技体育、学校体育和社会体育。

（1）竞技体育指以体育竞赛为主要特征，以创造优异运动成绩和夺取比赛优胜为主要目标的社会体育活动，它是体育的重要组成部分，是我国体育强国建设的重要内容。新中国成立以来，我国竞技体育发生了举世瞩目的变化，从竞技体育大国逐步迈向竞技体育强国，竞技体育综合实力跃居世界前列。

（2）学校体育指有目的、有计划、有组织的，以在校学生为参与主体的教育实践活动，通过培养学生的体育兴趣、态度、习惯、知识和能力来增强体质，促进身心健康。学校体育是学校教育工作中至关重要的一个环节，其有助于提高学生心素质，培养优良品质，促进学生全面发展。

（3）社会体育指由企事业单位的职工或者城乡居民等，利用业余时间通过集体或者个人的形式，自发组织的一些体育锻炼项目，通过这些项目达到健身美体、自娱自乐等效果。在中国经济迅猛发展的今天，社会体育内涵逐渐丰富，参与者也日益增多，群众的身心素质水平随之也达到了新高度。

第二节　体育的特征与功能

一、体育的特征

在了解体育的特征之前，就必须要先了解体育的本质。体育的本质是体育区别于其他社会活动或学科的特殊性质，从教育学的范畴来说，它影响着体育的教学目标、内容、方法的确立，从微观层面来说，它对人们形成正确的体育观发挥着重要影响。除此之外，了解体育的属性也是我们准确把握体育特征的关键步骤。人们经过长时间的实践观察、摸索以及结合自身感受，最终得出体育具有教育性、娱乐性、健身性、大众性、竞技性等多种属性，但同时也有人发现，在众多的属性里，没有一个能代表体育的本质，不过都是体育本质属性的多种外在表现形式。

因此"体育与人的关系"便成了人们探索体育本质的唯一突破口，日常生活中，有些人把参与体育运动或观看高水平的体育竞赛当作排解不良情绪的方式；有些人则是通过参与适量的体育项目来达到强健体魄、健康养生的目的。这两个"场景"都在反映一个事实——体育影响着人们健康生活方式的形成，并且这个事实在当今时代尤为普遍。

体育生活化理论隶属于人类健康行为理论，它对调节人类健康生活中有关生理、心理和社会方面的行为，满足人类生存、享受和发展的需要能作出其他理论不能替代的贡献。体育源于人们生活中的生产实践，大量的劳动促使人的社会化形成，久而久之，那些与人们生活息息相关的劳动方式经过改良和完善后，逐渐得到一套具有内在规律和机理的体育生活化理论。由此可见，体育与人的关系密不可分，而人作为任何一个时代的主体，往往决定和影响着体育的内在本质的形成，因此体育的内在本质一定是建立在"以人为本"的基础上的，即以身体运动或劳动为基本手段，促进人的身心健康全面发展，提高生活和生命质量。

通过以上的分析论述，厘清了体育与人的关系，也得出的体育的本质，那么体育的特征也就不言而喻了。将其归纳总结为三点，第一，以身体活动为手段。这是体育最鲜明的外在特征，其赋予了体育历史和时代价值。体育的这一特征将其与缺乏身体活动的文化现象，如读书看报、看电视电影、听音乐等区别开来，也将体育课与语文、数学、物理、化学等文化课区别开来；第二，体育始终是以人的自身发展为目的的。体育的产生、发展都是围绕着人来实现的，这一特征把体育与生产劳动中带有功利性取向的身体实践区别开来；第三，体育始终以"人文精神"为价值导向。人文精神使得体育明辨假恶丑、真善美，人们参与体育的过程也随之变成实现和升华自我价值的过程。

在以"团结、拼搏、尊重、友谊"为核心的价值观念引导下，人们的思维将变得活跃，身强体健的同时优良的意志品质也得到较好的培养。体育的这一特征使生物性的身体活动获得社会文化含义，也将其在意义上与不能促进人的自身发展的身体活动区别开来。

二、体育的功能

《辞海》与《现代汉语词典》中是这样定义"功能"的：事物或方法发挥有利的作用和效能，它一定由事物的本质属性与社会需求决定。体育是劳动的产物，也是社会发展的产物，因此体育的功能可以定义为：体育对人和社会所发挥的有利作用和效能，其变化发展受自身的本质属性、人的需求以及社会需要的制约和影响。体育的本质属性是最为稳定的，它不受任何因素的影响，而人的需求和社会的需要都是随着时代的发展在不断发生变化，故体育除了由本质属性衍生出来的功能外，其余功能都处于一个动态发展的过程。

最初，体育的雏形是一些生产劳动方式，随着时间的推移，人们逐渐认识到，长时间的劳动会让人变得健康，这便是由体育的本质属性衍生出来的本质功能——强身健体。后来，社会的不断进步提升了人们的生活质量，人们也开始不再满足于物质生活的富足，反而更加注重精神世界的充实，体育便成了满足人们精神需求的重要途径，体育的休闲功能也就此而生，现代社会快速发展给人们带来利益的同时，也无形中将各种各样的压力带到了人们身边，在众多的解压方式中，体育运动是最有效且最健康的一种，参与一场球赛和观看一场比赛会有截然不同的两种感受，但在这一刻，压力和一些不良情绪正在慢慢消失。

如今，我国在向体育强国逐步迈进，这不仅说明我国的运动健儿在奥运赛场的卓越表现，它更像是在昭示世界：中国在综合国力正在不断变强，也因此，便有了体育的政治功能。人们眼中的体育与国际视角下的体育是千差万别的，在那些不被认可的时光里，体育早已经登上国际舞台，成为了代表中国的一面"旗"。奥运会期间，中国代表队在五星红旗的带领下进入会场，当运动员夺冠时升起的一面面五星红旗，这是对运动员竞技水平的认同，更是对中国的认同，也因此提高了我国在国际舞台上的威望，增强了我国的民族自豪感。

体育可以作为国家与国家交流的一种"语言"，我国曾多次派出许多优秀运动员去其他国家表演，在此过程中与多国建交。除此之外，体育产业的蓬勃发展也是促使我国向体育强国迈进的一个重要原因，这便是体育的经济功能。近几年来，体育所主导的经济体系已经逐渐成为国民经济增长的首选，体育的发展需要经济的支持，但反过来体育也可以促进经济的发展，以体育比赛为例，从运动员的吃穿住行到场馆的设施维护，再到赛事的后勤保障，都离不开财力，但赛场的入场券和赛事的收视率都创造了巨大经济效益。体育产业快速崛起解决了许多人的就业问题，体育行业属于服务行业，也是第三产业，因此在赛事贸易，器材市场需要大量的员工，上到产业 CEO，下到场馆保洁与保安，这无疑是开拓了我国的就业市场，维护了我国社会经济的稳定运行。体育的功能不计其数，但决定它的永远是本质属性和人或社会的需求。

拓展阅读

泳坛传奇——郭晶晶

　　郭晶晶小学时就进了跳水队，刚开始，她的韧性很差。为了练韧性，甚至"坐老虎凳"。一次练习，郭晶晶腿骨摔裂，按理该回家休养，但教练李芳怕回去"心散了"，因此李芳让她在游泳馆吃住，边养伤边观察别人训练，主要是把心收拢。那段时间，郭晶晶腿上绑着夹板，一边养伤一边见习。

　　1996 年奥运会后，郭晶晶腿部开放性骨折。对于运动员来说，做手术会影响训练，于是采取保守治疗，裹着石膏的郭晶晶回到河北。摔坏腿是 1996 年 12 月，第二年 10 月是全运会，选择保守治疗的郭晶晶花 5 个多月时间慢慢愈合。等腿好了，离全运会也只有 5 个月了。伤口痊愈后，就开始魔鬼训练，每天 6 点起床，练习到 8 点。中午，别人午睡，她顶着烈日炎炎在外面跑步。下午继续上高强度训练。1997 年夏天，在郭晶晶至今的训练中也是最苦的一段。

　　李芳告诉郭晶晶："你是能参加奥运会的水平，如果就此放弃，你以后想起会终生遗憾。"全运会预赛，她还是挂着双拐看比赛，石膏还没有取。当时没有人对她抱希望，但是到了全运会，她用实力证明了自己。郭晶晶体重减了 15 斤，腿也练成一条粗一条细，当年的郭晶晶给全场留下很深印象。李芳告诉记者，连裁判长都说，没想到她恢复得这么优秀。伤后复出的郭晶晶，拿下了 3 米板亚军，取得了优异的成绩。

课后提升

　　1. 阐述体育的概念是什么？

　　2. 与体育相关的现象有哪些？

　　3. 阐述体育的功能有哪些？

第二章 体育的历史进程

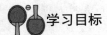 学习目标

1. 了解体育史的发展。
2. 结合中国历史发展进程，理解现代体育进入中国的途径。
3. 熟知体育与国家、社会的相互关系，加深对体育史的认识。

能力目标

1. 通过了解体育发展史，初步掌握独自辨析的思维能力。
2. 将体育史与中国史结合，提升读者自我鉴别能力，增强体育学科学术知识能力。

素质目标

1. 提高读者在体育学科方面的文化素养。
2. 拓展体育相关文化知识面的了解，提升个人的体育综合素质。

 思政目标

1. 促使学生形成正确的辩证历史唯物观。
2. 促进学生形成科学的体育观，达到以科学的态度认识体育的思政培养目标。
3. 加强体育独立学科科学性思维。

思维导图

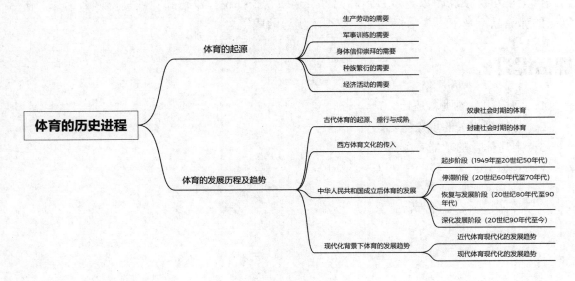

课前自学

第一节 体育的起源

一、生产劳动的需要

"劳动说"一直被认为是体育起源研究的学说，该学说主要依据恩格斯关于"劳动创造了人"的理论，劳动说认为，体育是从生产劳动中产生出来的。

原始社会中人类为了生存必须四处寻找食物，在这期间逐步掌握了走、跑、跳、投等身体活动，形成了人类基本生活技能。前肢的解放也成为了人与猿划分的一大标志。这一时期的生存环境极为恶劣，在四处寻找食物之时容易在灌木林中受伤，加之与猛兽共存共生的环境下也常出现人兽为了谋生而斗争的局面，这也激发了人类自保的生存技能。此外，人类在与猛兽、自然环境对抗时必须进行强身健体以及寻找、制造工具来强化和武装自己，以此增大胜利的概率；后进入农业时代，人类通过模仿和重复动作进行食物的生产与劳作。人类在制作使用工具和劳作时使得手部更加灵活，这样有利于使用工具进行劳动和捕猎，因此生产劳动使得原始的体育活动得以萌芽。

二、军事训练的需要

在早期发展中，民族之间为了生存和利益，时有争端发生，因此，他们将产生于劳动中的体育技能用于战斗。作为一种直接动力，战斗进一步促进了赛马、射箭、射弩、角力等具有军事功能的体育活动的发展，并产生了一些趣味而有效的训练方法。例如，体育活动中妙趣横生的板鞋竞技，就是源于壮族女总兵瓦氏夫人训练士兵的方法。

原始社会时期，氏族、族群首先通过外观体型来选拔打斗人才，无论是古代还是现代，强壮、高大、威猛的男人都会优先入选，力量是他们天生具有的优势。这也意味着这类人战斗时能够以重型军事武器击败对方，打败对方后也能成为氏族抑或是族群的外形象征，树立威望同时震慑四方；其次就是选人之后的训练，原始社会以冷兵器为主，因此身体素质的训练主要以增强力量为主，随着社会生产力的发展以及人类文明的进步，兵种划分与军事技能功能性训练分类逐渐精细化，力量素质训练成为基础，而体能强大，技能巧妙的综合性人才，才能在战争中成为一位好战士。

三、身体信仰崇拜的需要

身体是人类最为直观的能力体现，拥有完美强壮身体的人常可成为人们的首要崇拜对象，而当这种崇拜所归从的人群不断扩张、数量不断增多、崇拜更加虔诚的时候，这就促使其成为一种信仰。身体能力的形成以及原始信仰崇拜的需要也逐步催生了体育的起源。

人类对身体的信仰自原始社会就已产生，原始人类能够战胜兽物、获得食物的男性更为女性所追崇。在距今 2 万多年前的西班牙冰鹿猎人时代的山洞壁画考古中，发现其中的射者发矢图、诸女环绕裸体男子跳舞图等均突出了两条异常粗壮的腿，这些壁画充满了十分突出的生命力，也表达了当时人类对强壮身体的崇拜与信仰。尤其古希腊时期所举办的古代奥林匹克运动会，更为具体地展示了人类对身体信仰的追求，运动会比赛的要求较为突出的是裸体上场进行比赛，当然这是对古希腊众神之王宙斯的尊重和崇敬，但也向众人展示了自身的强健与勇武。

四、种族繁衍的需要

在动物界中，物种之间想要繁衍进行择偶生育首先双方以所属物种的方式进行对抗，胜利的一方才能获得与雌性繁衍的交配权，比如长颈鹿雄性之间的对抗方法就是粗暴的鹿颈打斗。这表明繁衍后代前的交配选择都是一场能力的交锋，而这种对抗与体育竞赛的形式以及精神意识都有着强烈的相似性，类似于搏击，都是为了争取胜利果实获得相应社会地位的需要。

在人类社会中，繁衍后代也拥有较高的社会地位，种族延续得到高度重视，因此也使得人类自身的繁殖与发育受到关注。原始社会中人类并没有选择性地进行交配，其后发现出生率和生存率极低。经过世世代代的观察，发现族群的选择以及亲属关系的划界起着关键的影响因素，因此原始人类在择偶之时也会优先考虑异性身体素质、生存能力、族群鉴别等因素，诞生的孩子也更加健康。选择性繁衍后代这种行为不仅具有自我意志的表达体现，也达到了种族繁衍的目的。

五、经济活动的需要

原始社会中人类为了生存，需要与猛兽抢夺食物满足生存的基本条件。原始人类敢于同猛兽对抗的前提是身体素质强大所带来的自信。我国古代历朝中，以武术竞技表演的街头游艺也是通过体育活动来满足表演者的经济需求、观众的欣赏需求以及社会经济的发展；而现代社会中，人类为了创造更高质量的生活价值，则是选择通过体育优化人类的身体健康状况增加能量，以此进行创造社会的经济活动，实现自身价值的同时满足社会需要。

在自然经济时代，散居山区各村寨的西南少数民族因忙于农事、交通不便，一般只在节日相聚，而这也是商人们难得的交易时机。例如号称"侗家橄榄球"的抢花炮是流行于湘、黔、桂一带独具特色的文体活动。节庆期间村民卖掉自己的土特产，同时买回所需日用品，这则是体育起源于经济活动需要的重要源泉。

第二节　体育的发展历程及趋势

一、古代体育的起源、盛行与成熟

（一）奴隶社会时期的体育

公元前 21 世纪夏朝建立，经历漫长战争，中国开始进入奴隶制王朝，夏朝、商朝、西周构成了奴隶制社会。这一时期的体育起源可从领地谈起，各氏族对于领土、资源等要素的争夺逐步走向大规模的军事战争。

在奴隶制社会时期，奴隶主对资源的争夺推动了军事战争，军事训练的内容也从单独的身体训练演变到具有现代拳击技艺的徒手搏斗。内涵复杂的田猎、御车，行军前、行军中的振奋军心的武术和舞蹈以及具有针对性的射术也得到了快速地发展，此时的体育相对原始社会而言更具专门性。

夏商西周时期的社会风俗信仰相较于原始社会略显进步，但仍与祭祀鬼神的占卜文化共存，祭祀相关的巫舞也成为了体育的起源之一，在占卜做术时，面对所信仰的符号进行手势的舒展和舞动，这就是具有体育条件的基础构成要素。

春秋战国时期的学校教育已有数百年的历史。当时的学校根据社会的需要，开设 6 门功课（礼、乐、射、御、书、数），时称"六艺"。在 6 门课程中的射、御是身体练习，乐是音乐课，是配合舞蹈进行的。舞蹈既有动作舒缓兼具礼仪性质的文舞，也有以兵器为舞具的含有攻防意识的武舞。荀子在分析身体教育的意义时，曾指出学习舞蹈可以起到"均调其血气而收束其筋骸""调养其精神而涵养其心术"的作用；在道德教化方面，还有"移风易俗"之效。因此在春秋战国时期的军事训练对体育的进一步发展起着关键的推动作用。

（二）封建社会时期的体育

秦朝统一六国后，秦军在骑射方面得到发展，这一时期的体育在游牧民族活动项目中得到丰富。汉代董仲舒对儒家思想非常推崇，这个时期的政治、经济、文化以及思想意识都有着进一步的发展。该时期的体育活动包括以提高身体机能、体能以及礼、乐的教学活动为主，以上活动的开展推动了学校体育的进步。隋唐由于采取了一系列的政治、经济以及制度改革措施，取得了"府藏皆满""人多殷富"的经济成效，为唐代进一步的繁荣发展奠定了坚实的基础。

宋辽金元时期民族矛盾和阶级斗争从未停止，促使传统军事武艺有了进一步的发展和创新，推动了武术活动在民间的广泛传播。而社会政治、经济的发展与文化的繁荣，又为娱乐体育活动的开展创造了条件，骑射、球类、角抵、棋类活动都有所开展，成为当时人们乐此不疲的体育活动形式。

1840 年鸦片战争的爆发，中国封建社会走向了它的终点。多民族的统一和中国疆土的扩大，为明清两朝中华文明发展奠定了基础。而社会经济文化趋于繁荣昌盛，又为古代体育的发展提供了条件。传统武术活动逐步走向体系化，摔跤与滑冰活动广泛流行，各项球类活动在沿袭宋元旧制的基础上逐步走向成熟，棋类活动出现了不同技术风格的流派，这些都为完善体育文化体系奠定了坚实的基础。

二、西方体育文化的传入

鸦片战争后，西方列强的坚船利炮敲开了"闭关锁国"的大门。西方体育伴随着西方文化与文明涌进中国，使中国固有的体育形态发生了深刻变化。

我国自给自足的小农经济下形成的农耕文化，对中华民族的文化传统、生产方式、生活方式、社会组织制度、心理习惯和传统习俗等都产生了深刻影响，同时也潜移默化着中华体育的产生和发展。

由于地理环境和社会政治、经济条件的差别，近代西方社会形成了与中国截然不同的文化传统，它以古希腊文化为起源，经过文艺复兴和产业革命，形成以个人自由、个人竞争为背景，以崇尚力量、征服自然为特征，以对抗性、攻击性、激烈性、冒险性、刺激性为手段，以宗教思想为核心的海洋性民族文化，其文化系统处于一种开放状态。

西方传统文化中的民族心态、社会运行方式所孕育的西方体育，虽然内容也十分丰富，形式也多种多样，但是主要特色依然如西方社会一样，是在一定规则制约之下的竞争。西方的竞技体育塑造了资本主义所需要的竞争拼搏、公平公正、追求成功、冒险挑战，依靠努力和奋斗赢得胜利、超越现状等人格特点，具有追求形体美、追求快速，强调直观性，强调竞争的文化取向。在西方体育文化的传入过程中，中华民族传统体育将受到极大的冲击。

三、中华人民共和国成立后体育的发展

（一）起步阶段（1949 年至 20 世纪 50 年代）

建国初期，新中国临时宪法提出了"提倡国民体育"；随后国民经济经过 3 年的"休养生息"实现了经济恢复，人们在闲暇时间进行体育活动，由此发展国民体育。1952 年，毛泽东为中华全国体育总会成立题词"发展体育运动，增强人民体质"，为新中国的体育事业指明了前进方向。从此提高国民素质，强健民族体魄成为体育工作坚定不移的根本宗旨。新时期体育以增强体质为中心，面向群众提倡运动健康，体育的发展环境积极乐观。竞技体育发展较为缓慢，在项目的数量和质量方面亟待提升，但重竞技项目和我国优势项目仍能取得优异成绩，比如举重。初期起步阶段的体育主要是为了呼吁人们进行体育锻炼，此乃响应国家号召，同时也是预防他国觊觎而发动的侵略战争，响应建国前"全民皆兵"的衍生。

（二）停滞阶段（20 世纪 60 年代至 70 年代）

由于"文化大革命"的影响，许多体育队伍被解散，体育科研机构被关闭，体育研究项目被延期或搁置，全国的体育科研工作处于停滞。但是国际上从事体育科学的研究工作在这一时期从未停止过。

20 世纪 60 年代中期，科学研究中的各具体学科经历了一场生机勃勃的研讨活动。在这一研究阶段，体育科学被划为生物力学、心理学和社会学三个方面。

与同期国内长期停滞的体育科学研究相比，西方和东欧国家对体育科学方面的研究已经形成比较成熟的学科，并且对其体育实践产生了广泛的影响，其研究广度与深度都与国内同领域的研究拉开了较大的差距。

（三）恢复与发展阶段（20 世纪 80 年代至 90 年代）

1977 年，邓小平在科学和教育工作座谈会上作了《关于科学和教育工作的几点意见》的重要讲话。自此，体育科学事业在学科发展、人才培养、科技服务等方面取得了前所未有的成绩。

1977 年，国家体委召开了全国体育科学技术规划会议，草拟了《1978—1985 年全国体育科技发展计划》。特别是 1978 年，十一届三中全会的召开迎来了我国体育发展的春天。会议确立了以经济建设为中心，实行改革开放的国家政策；纠正长期以错误方向发展的指导思想，也为体育的发展营造了良好的氛围。随后中国竞技体育成绩不断拔高，1981 年第三届世界杯女子排球赛中国首次夺得世界冠军，随后中国女排的"五连冠"震惊世界，同时也振奋了国民之心，女排精神燃起了国内外华人的民族荣誉感和自豪感。我国自 20 世纪 60 年代开始大力发展竞技体育之后，不断承办各类体育赛事，主动与国际接轨，在赛事活动中取得的成绩也呈现出缓慢上升的趋势。

（四）深化发展阶段（20世纪90年代至今）

为更好地迎接奥运比赛，尽全力拿奖牌和稳排名，在 1995 年《全民健身计划纲要》与《奥运争光计划纲要》先后实施，促进了群众体育和竞技体育的发展，增强了人民体质，铸就了奥运成绩的持续辉煌。1990 年北京承办第十一届亚运会，这场体育竞赛的成功举办也向世界宣布我国已拥有举办国际大型比赛的实力。2008 年北京奥运会惊艳全世界，成为最具影响力的一届奥运会。同时以刘翔、姚明等运动明星为主的中国运动员在世界体育竞赛之中产生了深远的影响。

四、现代化背景下体育的发展趋势

（一）近代体育现代化的发展趋势

受战争以及西方文化的影响，我国对体育科学的认识发生了深刻改变。

首先，体育在意识层面的变化更加科学、合理，从排斥西方体育文化的流入到主动接受西方体育的发展，这一转变使得中国体育现代化发展更主动。回看体育的历史，以史为鉴细观近代体育，发现体育的发展规律，形成中国体育科学的存在，探索体育的未来发展，这就是近代体育的现代化启蒙。

其次是体育意识形态形成的概念，体育制度产生和实施的合理性，即理论基础。近代体育制度是体育文化意识转变的产物。起初体育制度建立，主要反映学校与体育的交互作用，也就是学校体育的初步制度化。自 1904 年《奏定学堂章程》的颁布、实施和引入田径、球类、体操等教学内容，标志着中国近代学校体育制度的起步和发展。1912 年"壬子癸丑学制"对学校体育各方面均提出了更多的要求；但是对学校体育制度影响最大的是在 1922 年颁布实施的"壬戌学制"和 1923 年颁布的《新学制课程标准纲要》，将"体操科"改名为"体育科"。"体育"一词才普遍使用起来。

（二）现代体育现代化的发展趋势

由于现代化的全面推进，尤其党的二十大报告中对中国式现代化的科学内涵和原则内容进行了科学阐释，体育与中国式现代化不断接轨适应。在体育现代化发展进程中，更加强调体育的历史性和中华优秀传统文化的作用，不断增强体育的内生动力，使其成为中华民族伟大复兴的源泉；不断弘扬体育文化的深刻蕴含，不断发挥中国特色体育精神和外交等特殊作用，讲好中国体育故事，助推中国体育不断走进世界舞台中央。

中国式现代化是中国共产党领导下的社会主义现代化。体育与政治运动具有同一性。因此，体育的现代化则是由党领导的现代化，而体育的本质与党的根本宗旨相联结，则是"以人民为中心的体育"，发挥体育为人民谋幸福、为民族谋复兴的出发点和落脚点也是体育在新时代、现代化背景下的主要责任。在全面建设社会主义现代化国家新征程中，体育强国目标的建设实施，也是体育最重要的发展趋势。

在倡导全面复兴中华优秀传统文化的今天，对中华优秀传统体育文化的传承与发展，成为中国特色社会主义体育文化建设和体育强国建设的重要基础。坚定体育所内含的文化和哲学思想，传承中国优秀传统体育文化。只有坚定文化自信，不断从延续中华传统体育文化血脉中开拓前进，才能使当代中国体育文化朝气蓬勃地迈向未来。

拓展阅读

田麦久：半个世纪的奥运情怀

　　田麦久，曾任北京体育大学副校长、中国体育发展战略研究会副会长。1982 年获德国科隆体育学院体育科学博士学位。

　　中国竞技体育能有现如今的成绩，离不开中国运动训练理论与实践的不断创新与发展，而这就是田麦久教授为之奋斗的体育事业，而他的体育故事不只是因为初心，更是因为热爱。

　　田麦久自小就擅长体育，1956 年的第一届全国少年运动会获得 800m 跑金牌，并于次年创造纪录。1957 年，他考入北京体育大学，他和体育的故事也在这开始大展宏图。初入北京体育大学的田麦久和所有同学一样，都是为了以优异的成绩为国争光。但当时的理论困境也致使他们难以进行科学的运动训练与身体恢复，膝盖和踝关节的损伤也迫使田麦久放弃了运动员的梦想。他的目光也逐渐从实践转移到了运动训练科学的理论领域之中。

　　1979 年他作为新中国留学德国的首位体育学者，在世界顶尖体育学校继续学习体育知识。但刚入学不久发生的车祸让田麦久永远地失去了左脚，之后的两年学习生涯中，他住院 280 天，大大小小 15 次手术，破碎的琐事并未阻止他前行的道路，他顽强的品格也使得他成为中国体育领域的传奇，也是中国人的传奇。1981 年，田麦久以火箭般的速度完成了博士学业，成为新中国第一位体育科学博士，而后他回国受邀成为中国残疾人体育协会总教练兼田径队教练，并组建了我国第一支中国残奥会代表团，他与奥运的故事也自此开始。

　　1984 年 6 月，在美国纽约举行的第七届残疾人奥运会上，中国残疾人奥运代表团获得了 2 金 5 银 4 铜的可喜成绩。6 月 21 日这一天，田麦久训练的平雅丽和赵继红两位盲人姑娘，分别夺得了 B2 组与 B3 组跳远比赛的冠军。这是中国残疾人运动员在残奥会上最早获得的金质奖章。在残奥会主赛场听到激昂嘹亮的《义勇军进行曲》，他与队员们也激动地拥抱在了一起。

　　田麦久作为我国现代运动训练理论的创始人之一，为中国运动训练作出了重大贡献。田麦久为中国体育事业添砖加瓦，中国体育也以耀眼的金牌和辉煌的成绩回赠，五星红旗缓缓升起、国歌唱响中国体育之声，那一刻，圆了运动员的为国争光之梦，圆了田麦久的体育初心之梦，也圆了数以万计中国人的梦。

课后提升

1．阐述古代体育起源的原因。
2．简述近代体育的危机体现。
3．简述我国现代化背景下的体育与体育强国建设之间的联系。

第三章　体育竞赛组织与编排

学习目标

1. 认识体育竞赛，掌握体育竞赛的基础知识。
2. 学习体育竞赛的组织管理基本内容，对体育竞赛组织形成总体的认知。
3. 熟知常用的体育竞赛编排方法，了解各编排方法的特征。

能力目标

1. 掌握体育竞赛的基础知识与组织管理流程，能够画出竞赛组织机构图。
2. 掌握常用的体育竞赛编排方法，根据实际体育比赛需要作出相应、有效的竞赛编排。

素质目标

1. 理解与掌握体育竞赛组织与编排的内容，掌握体育竞赛的组织编排规则，提升体育赛事的组织与管理素养。
2. 掌握体育竞赛的编排方法，可从事与组织简易、基层的体育比赛。

思政目标

1. 熟悉、掌握竞赛规律与规则。
2. 认识到"不以规矩，不成方圆"的重要性，学会理解与运用相应的规则。
3. 引导学生勇于直面困难、挑战自我，发扬顽强拼搏、奋勇前行的体育精神。

思维导图

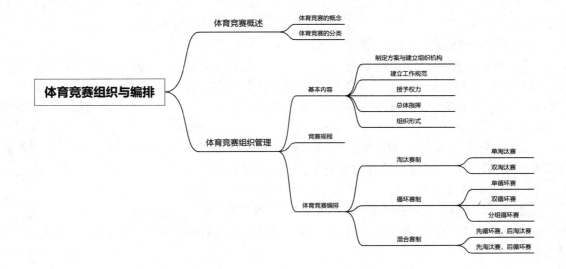

课前自学

第一节　体育竞赛概述

一、体育竞赛的概念

体育竞赛是基于体育项目开展的具有统一规则、裁判员与运动员或队参与的一种比赛活动。"竞"指竞技，凭力或智取胜。"赛"指比较，以一定的形式、要求相互进行较量，以决出快慢、高低、强弱等，还可褒奖胜者。如《周礼·天官·内宰》一文中言："比其大小，与其粗良，而赏罚之。"

二、体育竞赛的分类

各种体育运动项目比赛总称为体育竞赛。常见的三种体育竞赛分类方法：

（1）按比赛项目的数量分类，可分为综合性运动会、单项竞赛。

（2）按竞赛目的、任务分类，可分为表演赛、选拔赛、友谊赛、对抗赛等。

（3）按参赛者的组织系统分类，可分为区域性竞赛、行业或系统性竞赛、跨行业或跨系统的比赛等。

第二节　体育竞赛组织管理

一、基本内容

体育竞赛的核心是体育竞赛活动，由组织管理人员、裁判员、运动员、志愿者、新闻媒体、观众等多方共同参与。体育竞赛的定位、范围、规模不同，衍生出了层次之别，如国家级比赛、市级比赛等。无论级别高低，体育竞赛都是一项内容复杂、要求细致的组织管理工作。需要依据现行的竞赛制度，科学、有计划地组织好相关的竞赛活动，达成举办赛事的目标。在体育竞赛的组织与管理过程中，均涉及以下 5 项内容：

（1）制定方案与建立组织机构。开启赛事前，根据竞赛目标、场地资源、日期等基本要素，制定整体的赛事活动方案，并作出紧急预案。根据赛事活动方案建立相应的组织机构，按岗配人，并设定竞赛采用的组织方式，统筹好目标、人、财、物之间的协调关系，以便体育竞赛顺利开展。

（2）建立工作规范。体育竞赛是一项综合性活动，涉及多类岗位与工作内容，制定各类岗位职责规范、工作流程、考核与奖惩制度等内容是必要的。各岗位的职责明确、分工合作，将赛事各环节工作做到最佳，将利于体育竞赛活动的开展。

（3）授予权力。竞赛活动的各个岗位，均有各自的职责，也被赋予了相应的岗位权利。权力是完成岗位职责的必要条件，因此，应充分将相关权力授予每个岗位。同时注意上下级的权力管理。

（4）总体指挥。体育竞赛组织者根据竞赛的实际情况，对赛事全过程进行领导和指导，充分调动各方面的资源，保障体育竞赛良好的运行。

（5）组织形式。常见的组织形式是赛事组织委员会制，以政府的体育部门为主体，其他有关部门密切配合来开展体育赛事。赛前设置组织委员会，以便合理、科学搭配人、财、物等关键因素。组委会的人员规模视赛事的规模大小、等级高低而定。

组织委员会通常包含单位党政负责人、承办单位负责人、有关办事机构负责人、各参赛队领队、总裁判长。组织委员会下设置办事机构，包含：

1）办公室或秘书组：负责大会工作日程、宣传工作，安排赛事相关人员的生活、交通、会务等具体内容。

2）竞赛组：负责制定竞赛规程、召开参赛单位的领队会议、组织裁判队伍、编印赛事秩序册、检查竞赛场地和器材设备、召开教练员会议等。

3）保卫组：维护赛场的秩序与安全工作，配合组委会及时处理赛区发生的紧急事件。

4）财务组：管理赛事的财务工作，如编制赛事总经费预算、资金使用与管理、审计监督等。

二、竞赛规程

竞赛规程是体育比赛的法规性文件，是竞赛工作进行的依据，由赛事组织委员会制定。赛前组委会需将竞赛规程发给有关参赛单位，以便各参赛单位做好赛前准备。

竞赛规程包含竞赛名称、日期和地点、主办单位、竞赛项目、参赛单位及人数、运动员资格、报名及报到日期、竞赛办法、竞赛规则、录取名次和奖励办法等内容。如果比赛需要采用自行制定的特殊规则，应在规程中作具体规定。制定规程时要考虑经费、场地、食宿、交通条件等实际情况，规程的文字应明确易懂，便于执行，前后要保持一致。规程一经制定，应保持其严肃性，不宜轻易变动。

三、体育竞赛编排

通常采用淘汰赛制、循环赛制、混合赛制等方法来编排体育竞赛。下面将会详细介绍这三种编排方法。

（一）淘汰赛制

淘汰赛制，简称淘汰赛，指按一定顺序将全部参赛者（队）编排，逐次进行比赛，胜方晋级、负方出局，直至留下最后一个参赛者（队）的竞赛办法。具体类型有：单淘汰赛、双淘汰赛等。淘汰赛可在短时间、场地少的情况下，组织大量参赛者比赛。由于每个参赛者（队）的机会仅有一次，竞赛过程激烈，竞争性强。但这也让参赛者（队）的参赛时间变短，学习交流的机会变少了，比赛结果存在一定的偶然性。

1. 单淘汰赛

单淘汰赛（也称单败淘汰赛），是参赛者（队）输了一次，自动退出比赛，胜方继续比赛，直至出现最后一个胜方的一种竞赛办法。

（1）计算场数和轮数。

1）单淘汰比赛的场数=参赛者数-1。

例：有 16 人参赛，比赛场数为 15 场。

2）单淘汰比赛的轮数=所选的号码位置数（2 的乘方）的指数。

例：有 64 人参赛，选择的号码位置数是 64，64 是 2 的 6 次方，那么有 6 轮比赛。

（2）选择号码位置数。赛前需对每个参赛者（队）编号，形成相应的号码位置。单淘汰赛的参赛者号码位置数为 2 的乘方数，如 8、16、32 等等。假如有 8 名参赛者，号码位置数为 8，人均一个号码、一个位置，3 轮可结束赛事（图 3-1）。

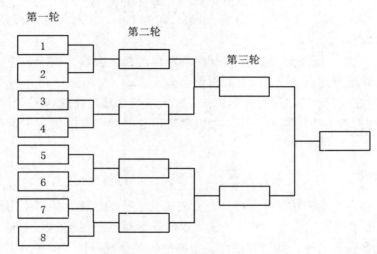

图 3-1　8 人单淘汰秩序表

当出现参赛者（队）的数量不是 2 的乘方数时，比赛轮数为略大于而又最接近参赛者（队）数的 2 的乘方数的指数。例：30 人参加比赛，则选择 32 为号码位置数，比赛 5 轮结束。

（3）分区。分区是指将号码位置对等地分成数个部分。例如，将对半分全部号码位置，形成两个半区，称作 1/2 区，亦称为上、下半区。将两个半区再对半分，形成 4 个 1/4 区，以此类推（图 3-2）。

（4）种子定位。由于存在参赛者（队）的水平各异，有的水平高超，有的水平普通，为了避免出现水平高的参赛者（队）过早相遇、过早淘汰的现象，需在赛前的号码位置数上设置"种子"。

根据参赛者（队）过去一年里的运动成绩标定参赛者（队）的"种子"身份。通常种子数量取决于参赛者（队）数量，以 2 的乘方数计算。另外，依据参赛者（队）的运动水平高低确定"种子"排序，即"种子"序号。具体可查"种子位置表"（表 3-1）。

种子定位号码选择：先设定种子数目，从"种子位置表"中按从左至右的顺序，逐行依次选出小于或等于号码位置数的数字。例：64 人参赛，号位位置数为 64，设立 8 名种子，从"种子位置表"取出的"种子"数字为：1、64、33、32、17、48、49、16。

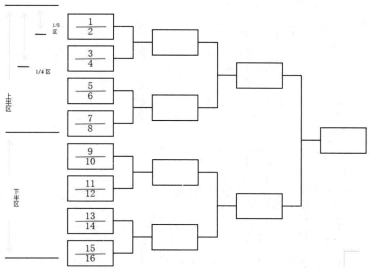

图 3-2 单淘汰分区表

表 3-1 种子位置表

1	256	129	128	65	192	193	64
33	224	161	96	97	160	225	32
17	240	145	112	81	176	209	48
49	208	177	80	113	144	241	16
9	248	137	120	73	184	201	56
41	216	169	88	105	152	233	24
25	232	153	104	89	168	217	40
57	200	185	72	121	136	249	8

（5）轮空和抢号。

1）轮空。当参赛者（队）数量不足选定的号码位置数时，会空余部分号码位置，这些空余号码位置是"轮空"位置，这一现象简称"轮空"。例：参赛者有 13 人，选用的号码位置数是 16，有 3 个空余位置，第一轮有 3 位选手无比赛，即"轮空"（图 3-3）。"轮空"的号码位置可根据轮空位置表确定（表 3-2）。

使用轮空位置表的方法：先选择号码位置数，用该数减去参赛者数，得出轮空数。在轮空位置表上按从左至右的顺序，逐行依次选出小于比赛号码位置数的号码，这些选出的号码是轮空号码。例：有 13 人参赛，需选用 16 个号码位置，有 3 个轮空号，从位置表中依次取出小于 16 的 3 个号码位置数：2、15、10。第一轮比赛 2、15、10 号无参赛者，与之对应的参赛者轮空，直接进入下一轮。

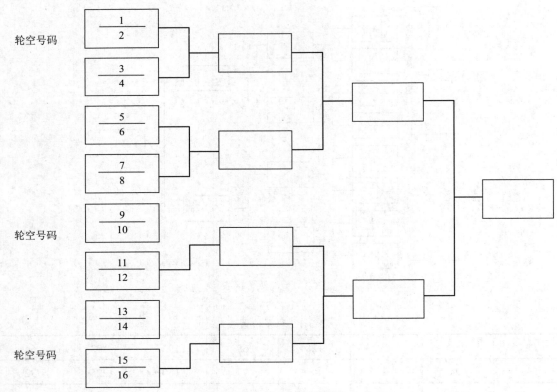

图 3-3　13 人轮空号码位置表

表 3-2　轮空位置表

2	255	130	127	66	191	194	63
34	223	162	95	98	159	226	31
18	239	146	111	82	175	210	47
50	207	178	79	114	143	242	15
10	247	138	119	74	183	202	55
42	215	170	87	106	151	234	23
26	231	154	103	90	167	218	39
58	199	186	71	122	135	250	7
6	251	134	123	70	187	198	59
38	219	166	91	102	155	230	27
22	235	150	107	86	171	214	43
54	203	182	75	118	139	246	11
14	243	142	115	78	179	206	51
46	211	174	83	110	147	238	19
30	227	158	99	94	163	222	35
62	195	190	67	126	131	354	3

2）抢号。当实际参赛者（队）超过选择的号码位置数，但超过得不多，未接近下一个号码位置数时，需要在赛前增加一轮预选赛，淘汰多出的参赛者（队），让参赛者（队）数量与号码位置数相符合，这一过程称为"抢号"。例：有35名参赛者，号码位置数为32，多出3名参赛者，需在35名参赛者中选择6名进行一次预选赛，胜者抢到号码，进入比赛，负者淘汰。另外，"抢号"的预选赛不计入比赛轮次。

（6）抽签。参赛者（队）在淘汰赛中通过抽签的方法获取一个号码位置。这是体育竞赛编排工作的重要环节之一。公平、公正是基本的抽签原则。通常由参赛者或参赛队代表进行抽签，若参赛者不能抽签，则一般由技术代表、竞赛部门代抽。抽签过程通常包含制定方案和抽签实施两个过程。

1）制定方案。根据竞赛规程、竞赛办法、报名情况等内容制定抽签的方案。

具体内容如下：参赛者（队）资料审核、参赛者（队）数量统计；选取号位位置数、"轮空""抢号"等内容；确定种子选手的数量和名单；对号码位置进行分区，制定分区控制表；根据报名先后顺序、种子数目、参赛名单排列顺序等内容，确定抽签顺序。

2）抽签实施。其一，种子抽签，选出种子号码位置，组织种子统一抽签，并标入相应号码位置中。其二，非种子抽签，先对各参赛者（队）分区、定位，再分批次组织每个单位的抽签。例如：甲单位有4名参赛者，A、B、C、D。A、B各自进入上、下半区的一个1/4区；C、D各自进入另外的两个1/4区，以此类推。在将所有的参赛者编排入号码位置后，对其进行整体的检查和调控，以便水平相对均衡，让参赛者处于相对公平的竞赛环境中。

（7）附加赛。很多赛事需要决出1~8名，以便排名颁奖。在8号码位置表中，经过1轮比赛，均有胜者和负者，胜者进入下一轮次，直至最后出现唯一的胜者，即冠军。为了公平公正地排出3~8名，将每一轮次的负者进行比赛，即附加赛。附加赛比赛情况如图3-4所示。

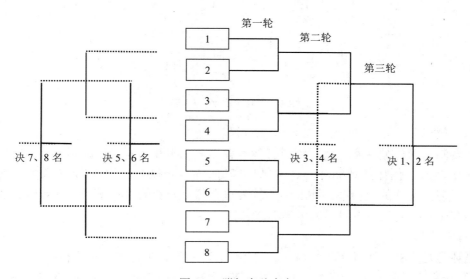

图3-4　附加赛秩序表

在图3-4中，每一轮的胜者沿着号码位置数的右侧实现移动，进入下一轮次，直至最后出现 1、2 名。每一轮次的负者向左侧虚线移动，再次比赛，决出相应的名次。

2. 双淘汰赛

双淘汰赛（也称双败淘汰赛），是参赛者（队）输了两次后，才退出比赛的一种竞赛办法。与单淘汰赛相比，参赛者（队）多了一次比赛的机会。

在采用双淘汰赛的比赛中，经过第一轮的比赛后，将胜方编入胜者组，负方编入负者组，两个组分别进行比赛，胜者组的第二、第三等往后轮次的负方，进入负方组，直至剩下一个胜者；负者组的第二、第三等往后轮次的负方被淘汰出局，负者组的胜方继续比赛，直至出现负者组的唯一胜方；胜者组的唯一胜者与负者组的唯一胜者进行最后的比赛，决出冠亚军的名次。

另外，与单淘汰赛类似，双淘汰赛也采用 2 的次方数作为参赛者位置号。以 8 支参赛队参赛为例，比赛秩序表如图 3-5 所示。

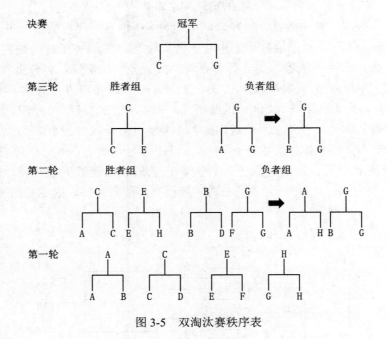

图 3-5　双淘汰赛秩序表

（二）循环赛制

循环赛制，简称循环赛，指组织所有参赛者（队）相互之间轮流比赛，根据循环比赛的总得分排定名次。例如：单循环赛、双循环赛等。循环赛的特点：比赛场数多、接触对手多、相互学习和实战的机会多，比赛结果较为符合各参赛者的真实水平，竞赛结果的偶然性小，但存在比赛时间长、占用场地多等不足之处。

1. 单循环赛

单循环赛是所有参赛者（队）相互之间都进行一次轮流的比赛，最后依据得分排名。

（1）场数和轮数计算。场数计算公式：X=比赛场数，N=参赛者数；X=N（N-1）/2；例如：8 个参赛选手，循环赛的场数是 8（8-1）/2=28 场。

轮数计算公式：Y=轮数，N=参赛者数；若参赛者（队）是单数时，比赛轮数：Y=N；

若参赛者（队）是双数时，比赛轮数：Y=N-1；例如：8 个参赛队，比赛轮数是 7 轮；9 个参赛队，需组织 9 轮比赛。

（2）竞赛日程制定。编排比赛秩序表、设定比赛轮次是竞赛日程制定的基础。由于各体育项目具有不同的特征和实际需要，应灵活采用不同的轮转编排方法来完成比赛轮次的安排。常用编排方法：逆时针轮转法、顺时针轮转法、"大轮转、小调动"法。

1）逆时针轮转法。如果赛事的参与者（队）数量为双数，通常采用逆时针轮转法来编排。例如：有 8 支参赛队，先选出 1～8 个位置号（序号），在第一轮比赛中，将 1～4 号从上至下填写于左侧，5～8 号自下而上填写至右侧，横线将左右侧的位置相连，第一轮次的比赛顺序已形成。其中，位置号 1 固定不动，按逆时针方向其余位置号依次轮转一个位置，形成第二、第三……轮次的比赛顺序（表 3-3）。

表 3-3　逆时针轮转法

第一轮次	第二轮次	第三轮次	第四轮次	第五轮次	第六轮次	第七轮次
1—8（0）	1—7	1—6	1—5	1—4	1—3	1—2
2—7	8（0）—6	7—5	6—4	5—3	4—2	3—8（0）
3—6	2—5	8（0）—4	7—3	6—2	5—8（0）	4—7
4—5	3—4	2—3	8（0）—2	7—8（0）	6—7	5—6

如果赛事参赛者（队）的数量为单数，最后一个位置数应标注"0"，轮转方法无改变。当某个参赛者（队）遇到"0"号参赛者（队）时，无比赛，可"轮空"休息。

2）顺时针轮转法。当赛事的参赛者（队）为单数时，出现"轮空"情况，某些队将多获得轮空休息的机会，从而形成不合理的竞赛现象。为了克服这一不合理的现象，可采用顺时针轮转法。例如：有 5 支参赛队比赛，需增补一个"0"号位置，1、2、3 号编入左侧、0、5、4 编入右侧，形成第一轮的比赛顺序。从第二轮开始，位置号"0"固定不动，按顺时针方向，其余的位置号依次轮转一个位置，从而产生各个轮次的比赛顺序（表 3-4）。

表 3-4　顺时针轮转法

第一轮次	第二轮次	第三轮次	第四轮次	第五轮次
1—0	2—0	3—0	4—0	5—0
2—5	3—1	4—2	5—3	1—4
3—4	4—5	5—1	1—2	2—3

3）"大轮转、小调动"法。如遇到赛事开幕式、节假日、东道主的特殊需要等情况，可在轮转法上对比赛项目做局部的调整，从而满足赛事的特殊需要。这种局部调整的方法是"大轮转、小调动"法。例如：有 6 个参赛队竞赛，根据各队过去一年的竞赛水平确定好位置号，为了让运动水平接近的队伍在最后一天的比赛相遇，达到提升赛事的气氛、精彩程度等目的，可先排出第五轮次的比赛顺序，再采用逆时针轮转的编排方法，排出第一至第四轮次（表 3-5）。

表 3-5　"大轮转、小调动"法

第一轮次	第二轮次	第三轮次	第四轮次	第五轮次
1—3	1—5	1—6	1—4	1—2
5—2	6—3	4—5	2—6	3—4
6—4	4—2	2—3	3—5	5—6

（3）制定竞赛日程表。编排好比赛秩序表后，印制由各轮次比赛汇成的竞赛日程表，发放至参赛者（队）手中。公平、合理是制定竞赛日程表需要重点注意的内容，应合理安排室内、室外的场地，白天、晚上的时间，以及比赛之间的休息时间等等，做到让各个参赛者（队）获得最大限度上的机会均等，以便参赛者（队）能够更好地完成比赛（表 3-6）。

表 3-6　×××交流比赛日程表

序号	日期	时间	组别	比赛队			场地	备注
1	4月3日	9：00	一	×××	—	×××	1	
2	4月3日	9：00	二	×××	—	×××	2	

（4）单循环赛成绩记录表。比赛单位名称、比赛比分、所获积分、得失分率、名次是比赛成绩记录表的主要内容。由于体育项目数量众多、特点各异，积分方法存在不同，因此，需在竞赛规程设定好积分方法、名次确定等内容，并对出现积分相同情况下，如何判定排名作出相应的解释，从而避免竞赛结果的争议（表 3-7）。

表 3-7　成绩记录表

队名	1队	2队	3队	4队	积分	得失分率		名次
						相互间	全部比赛	
1队								
2队								
3队								
4队								

2. 双循环赛

双循环赛，简称双循环，指组织所有的参赛者（队）相互之间轮流比赛两次，依据最后的各自得分排名。双循环比单循环多了一轮次的比赛，双循环的场数和轮数均比单循环多了一倍。单、双循环的比赛轮次表编排一样，双循环多赛了一次。在第二次循环比赛中，可经抽签重新排定比赛位置。双循环让参赛者（队）多了一次竞赛机会，有利于参赛者（队）发挥正常水平。但比赛场数大幅增加，拉长了比赛的时间，耗时耗力、占据大量场地资源是双循环的弊端。

3. 分组循环赛

分组循环赛，是指当竞赛时间有限，参赛者（队）数量多，将参赛者（队）均分，分成多个比赛小组进行循环赛，最后依据小组循环赛的各自得分排定名次。在分组时，遵循公平、合理的原则，将实力接近的参赛者（队）编到一起，通常有两种分组方法："确定种子"分组和"蛇形排列"分组。

（1）"确定种子"分组。"种子"指种子选手，依据上一年度的竞赛成绩确定，如在奥运会、世锦赛、职业联赛、上一届比赛的竞赛成绩等等。先将"种子"取出，通过抽签将各"种子"分列各循环赛的小组中，再将其他参赛者（队）经抽签填充至空余的号码位置上。例如：有16支参赛队，分成4组进行循环赛，设置4个种子位置，先抽签将4个种子分入4个小组，再抽签将剩余的12支参赛队随机分入4个小组中。

（2）"蛇行排列"分组。根据参赛者（队）在上一届比赛中的名次或实际运动水平，采用从高到低的降序进行排列，再依次衔接并分组，这有利于避免各组的实际运动水平差异过大的问题，增加赛事的精彩程度。例如：将16支参赛队分成4个循环赛的小组，采用蛇形排列的方法（表3-8）。

表3-8　"蛇行排列"分组

第一组	第二组	第三组	第四组
1	2	3	4
8	7	6	5
9	10	11	12
16	15	14	13

（3）名次确定。在完成第一阶段的分组循环后，第二阶段通常采用单循环赛，赛事最终竞赛名次依据单循环赛的成绩结果判定。如果第二阶段采用其他赛制，如混合赛制，那么依据最后阶段所用赛制比赛成绩排出名次。

（三）混合赛制

混合赛制简称混合赛，是在一个体育竞赛中，经多种赛制组合而成的一种竞赛方法。常见的混合制有以下两种：先循环赛、后淘汰赛；先淘汰赛、后循环赛。

1. 先循环赛，后淘汰赛

这是最常见的体育竞赛方法，在各级别的体育赛事中广泛运用。这一混合赛制，可在比赛场数较少的情况下，增加了部分参赛者（队）的参赛机会，能够多交流和比拼，提升运动水平。同时，让竞赛结果趋于合理，更符合参赛者（队）的真实水平，避免竞赛的偶然性。

2. 先淘汰赛，后循环赛

若赛事的参赛者（队）数量较多，比赛时间有限，相对短促时，采用先淘汰赛、后循环赛的混合赛制会是一个合适的方法。这有利于运动水平高的参赛者（队），同时也获得更多的比赛机会，竞赛的精彩程度也会增加，竞赛结果也相对合理，与真实运动水平相符。

拓展阅读

关于奥运会的小故事

1978年，当美国成功申办奥运会的消息传回洛杉矶，大批市民上街游行，摇旗呐喊地要求"不能动用纳税人的钱来办奥运会"。加州干脆通过一项法律：禁止动用公共资金来举办奥运会。更惨的是，当时的美国政府宣布不会对洛杉矶奥运会进行经济援助。奥委会没有办法，最后只好向社会招募能人来担任洛杉矶奥运会的组织者，来带领洛杉矶完成这次的奥运会。有个体育经纪公司向奥委会推荐了 45 岁的彼得·尤伯罗斯。他也想挑战一下，奥运会到底能不能赚钱？多年之后再回顾历史，彼得·尤伯罗斯的这个决定改写了奥运会发展的历史轨迹，甚至说他拯救了奥运会也不为过。他的商业的运作共有三个途径，分别是寻找赞助商、开启电视转播、销售门票。1984 年的洛杉矶奥运会盈利 2.25 亿美元，彼得·尤伯罗斯硬生生地把这一盘死棋给下活了，由此获得杰出奥运组织奖，同时开启了奥运会的商业运作模式。

课后提升

1．体育竞赛常见的编排方法有哪些？
2．某校组织班级篮球赛，35 个班级参赛，须在 1 个月内结束，如何编排竞赛？

第二部分　传统体育项目

第四章 田 径 运 动

 运动能力目标

1. 了解田径运动的概念、起源、分类及特点，使学生能够较为系统地了解田径运动内涵，并较为熟练地掌握田径运动基本技术。

2. 熟练掌握田径运动的走、跑、跳跃、投掷等基本运动技能，使学生身体素质，即力量、速度、耐力、灵敏、柔韧等得到改善和提升。

 健康行为目标

1. 掌握田径运动技能，使学生在现实生活中懂得如何利用田径运动技能增强个人体质。

2. 积极参与日常体育锻炼，建立体育运动兴趣，形成良好的锻炼习惯，为终身体育打下基础。

 体育品德目标

1. 培养学生积极向上、奋勇向前、不畏艰难的意志品质。

2. 使学生具备过硬的心理素质，变得自信、永不言弃、意志坚定有韧性，培养学生团结协作的意识和互帮互助等良好品质。

思维导图

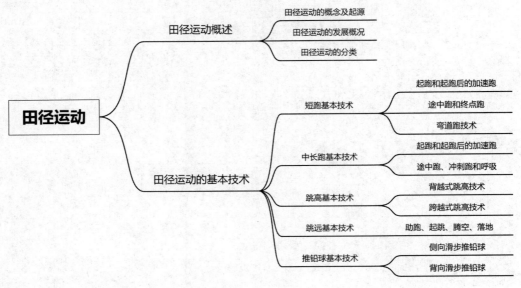

课前自学

第一节 田径运动概述

一、田径运动的概念及起源

（一）田径运动的概念

田径运动是指基于人类生存与生活活动过程中走、跑、跳、投等自然运动而逐渐产生和发展起来的身体练习和竞技项目，可以分为竞走、跑、跳跃、投掷和全能等 5 大类。其中，以时间计算成绩的竞走、跑的项目称为"径赛"；以高度和远度计算成绩的跳跃、投掷项目称为"田赛"；由田赛和径赛的部分项目组合而成的，以评分的办法计算成绩的组合项目称为"全能"。田径运动是"径赛""田赛"和"全能"项目的统称，如图 4-1 所示为田赛中的标枪比赛。

图 4-1 标枪比赛

（二）田径运动的起源

远古时期，人类运用各种手段获取生存的过程中逐步掌握和发展了快速奔跑、敏捷跳跃和准确投掷的技能。社会的形成和发展过程中，人类为了提高技能水平，将技能传授给下一代，对走、跑、跳、投等技能进行优化，逐步形成了专门的练习方法和比赛形式，这就是田径运动的萌芽。随着人类社会物质生活水平的不断提高，走、跑、跳、投等动作技能逐渐演变成为人类生活娱乐的竞技活动项目，田径运动的雏形由此形成。

二、田径运动的发展概况

19 世纪末 20 世纪初，以田径、球类为主的现代体育运动传入我国，田径运动逐渐在由基督教会创办的学校间开展起来。1910 年旧中国举办第一届全国运动会，标志着田径运动开始由教会学校向社会发展。1930 年旧中国的第四届全运会开始设立女子比赛项目，标志着中国女子田径运动在中国的正式开展。新中国成立后，在党和政府的重视和关怀下，我国田径运动得到了迅速普及和发展。从 1953 年起，几乎每年举行全国性的田径运动会。

　　1978 年国际田联恢复中国合法席位，中国田径运动员有了更多参加国际性比赛的机会，田径技术水平和成绩有了很大的提升。20 世纪 80 年代中期开始，我国田径运动实力开始超越日本，确立了在亚洲田径运动界的领先地位，实现"冲出亚洲，走向世界"的历史性转折。随着时代的不断发展和进步，中国田径运动先后涌现出一批又一批具有世界先进水平的运动员。

三、田径运动的分类

　　国际田联将田径运动定义为：田径运动是由径赛、田赛、公路赛跑、竞走和越野赛跑组成的运动项目。目前，田径运动的分类和项目见表 4-1。

表 4-1　国际田径比赛的正式项目

类别	组别		项目
走	竞走	男子组	场地赛 10km，公路赛 20km、50km
		女子组	场地赛 5km；公路赛 10km
跑	短距离跑	男子组	100m、200m、400m
		女子组	100m、200m、400m
	中距离跑	男子组	800m、1500m、3000m
		女子组	800m、1500m
	长距离跑	男子组	5000m、10000m
		女子组	5000m、10000m
	跨栏跑	男子组	110m 栏（栏高 1.067m）、400m 栏（栏高 0.914m）
		女子组	100m 栏（栏高 0.84m）、400m 栏（栏高 0.762m）
	障碍跑	男子组	3000m
		女子组	
	马拉松	男子组	42.195km
		女子组	
	接力跑	男子组	4×100m、4×400m
		女子组	
跳跃		男子组	跳高、撑杆跳高、跳远、三级跳远
		女子组	
投掷	铅球	男子组	铅球（7.26kg）
		女子组	铅球（4kg）
	标枪	男子组	标枪（800g）
		女子组	标枪（600g）
	铁饼	男子组	铁饼（2kg）
		女子组	铁饼（1kg）

类别	组别	项目
链球	男子组	链球（7.26kg）
	女子组	链球（4kg）
全能	男子组 十项全能	第一天比赛项目：100m、跳远、铅球、跳高、400m； 第二天比赛项目：110m 栏、铁饼、撑杆跳高、标枪、1500m
	女子组 七项全能	第一天比赛项目：100m 栏、铅球、跳高、200m； 第二天比赛项目：跳远、标枪、800m

第二节　田径运动的基本技术

一、短跑基本技术

短跑属极限强度大，有一定周期性的运动项目，它是用最快的速度跑完规定的距离。短跑正式比赛项目设有 100m、200m、400m 等。短跑全程技术按动作的变化特点可分为起跑、起跑后的加速跑、途中跑和终点跑 4 个技术段，每个技术段环环相扣、紧密衔接，是不可分割的整体。以下主要结合 100m 项目，对短跑基本技术进行较为系统的介绍。其他短跑项目在技术层面上是基本相同的。

（一）起跑

1. 起跑器的使用

国际田径运动规则规定，在短跑比赛中运动员必须采用蹲踞式起跑和使用起跑器，并听从发令员的口令完成起跑动作。起跑器的安装方法主要有：拉长式、接近式和普通式三种。一般情况下，运动员采用哪种起跑器安装方法是根据个人的身高、体型、身体素质和技术水平等因素决定的，其目的是充分发挥肌肉的最大力量，以获得最大初速度，有助于加速跑的完成。

2. 起跑

起跑的任务是迅速摆脱静止状态，获得最大的向前冲力，为起跑后加速跑创造条件。起跑主要包括"各就位""预备"和"鸣枪"三个阶段（图 4-2）。

图 4-2　短跑起跑技术

听到"各就位"口令后，运动员调整呼吸的深度和节奏并尽量使肌肉保持适宜的兴奋度，轻快地走到起跑器前，两手撑地，两脚依次踏在前、后起跑器的抵足板上（有力脚在前），后膝跪地，两手收回放在紧靠起跑线后沿处，两臂伸直，两手间距离比肩稍宽，四指并拢或稍分开与拇指成"八"字形支撑。头和躯干保持在一直线上。身体重心均衡地落在两手、前脚和后膝关节之间。颈部自然放松，注意听"预备"口令。

听到"预备"口令后，逐渐抬起臀部，使身体重心同时前移，形成臀部高于肩、肩超过起跑线的姿势，身体重心落在两臂和前腿上。前腿大小腿夹角为 90°～100°，后腿大小腿夹角为110°～130°，前后小腿趋于平衡，两脚脚掌紧贴起跑器抵足板，集中注意力听枪声。

听到枪声后，两手迅速推离地面，两臂屈肘快速有力地前后摆动，同时两腿快速用力蹬起跑器。后腿快速蹬离起跑器后，便迅速屈膝向前上方摆出，摆出时腿不应离地面过高，以利于摆动腿迅速着地并过渡到下一步。前腿快速有力地依次蹬伸髋、膝、踝关节，后蹬角为42°～45°，上体前倾与地面呈 15°～20°角。

（二）起跑后的加速跑

起跑后的加速跑主要任务是在较短距离内尽快发挥跑速，达到最大速度，迅速过渡到途中跑。动作要领：起跑后身体保持较大的前倾度，随着步幅的逐渐增大，速度逐渐加快而逐渐直起。蹬地迅速有力，积极快速向前上方摆腿，积极有力地前后大幅度摆臂，直线跑进。起跑后的加速跑是从蹬离起跑器到途中跑开始的一个跑段，完成起跑后的加速跑的距离一般控制在 25～30m。起跑后第一步约三脚半长，第二步约为四脚至四脚半长，以后逐渐增大，直至途中跑的步长。

（三）途中跑

加速跑结束后便进入到了途中跑，其主要任务是继续发挥和保持最高跑速。途中跑动作组成即后蹬与前摆、腾空、着地缓冲。动作要领：身体躯干保持正直或稍前倾，头部正直，两眼目视前方。两臂以肩为轴配合两腿的动作快速有力地协调摆动。下肢后蹬腿和摆动腿之间协调配合，以摆带蹬、摆蹬结合。后蹬时髋、膝、踝快速有力伸展，前摆时摆动腿积极向前上方摆动，送髋顶膝，大小腿折叠充分。腾空时，两腿迅速完成"剪绞"动作，摆动腿大腿积极下压使前脚掌着地缓冲。着地缓冲时，积极有力，前脚掌有弹性地扒地，膝关节和踝关节保持稳定，以维持身体重心的平衡。

（四）终点跑

运动员在距离终点线 15～20m 处时便进入到终点跑阶段，其主要任务是竭尽所能地保持技术动作不变形，保持途中跑的高速度跑过终点。动作要领：上体尽量保持前倾姿势，有意识地主动加快两臂的摆动速度和力量，尽量保持步频和减少跑速下降。在跑到距离终点线最后一步时，上体躯干急速前倾，两臂后摆，以胸部（躯干部分）积极撞终点线，跑过终点后随惯性跑适当缓冲再逐渐减速（图4-3）。

（五）弯道跑技术

弯道跑时，当人体跑速达到一定高速便会产生离心力，为了克服离心力以保持高速跑进和维持身体重心的平衡稳定，身体及时有意识地向圆心方向即跑道内侧倾斜。跑速的快慢和弯道半径大小决定身体倾斜程度，跑速越快、弯道半径越小，则身体地倾斜程度越大（图4-4）。

图 4-3　终点压线技术动作

图 4-4　弯道跑技术

　　两腿摆动时，右膝稍向内扣，左膝稍向外展，并加大右腿的前摆幅度。左脚以前脚掌外侧着地，右脚以前脚掌内侧着地。

　　两臂摆动时，右手臂摆动的力量和幅度大于左手臂，前摆时右手臂稍向左前方，后摆时肘关节稍向外。

　　弯道跑转入直道跑时，在弯道的最后几步身体内倾度逐渐减小，随惯性放松跑 2～3 步调整后，身体逐渐恢复到直道跑姿。直道跑转入弯道跑时，身体重心向左倾斜，右侧动作幅度逐渐大于左侧。

二、中长跑基本技术

　　中长跑是中距离跑和长距离跑项目的合称，属于周期性耐力运动项目。中长跑正式比赛项目设有 800m（中距离跑）、1500m（中距离跑）、5000m（长距离跑）、10000m（长距离跑）。赛距为 42.195km 的马拉松属于超长跑项目。中长跑各项目虽然在距离上不同，但它们的基本技术是大体相同的，只是在技术动作的速度、幅度和发力程度等方面有所差别。在技术层面上均要求身体重心平稳，动作经济、实效、轻松，具有良好的节奏（图 4-5）。现代中长跑技术的特点，即高步频、积极有效的伸髋和快速有力的摆动动作。

图 4-5　中长跑技术

（一）起跑

中长跑项目常见的起跑方式有两种，即半蹲式起跑和站立式起跑两种。在起跑方式的选择上，对于速度快、前段分道跑的 800m 项目一般采用单臂支撑的半蹲式起跑；而对于全程不分道跑的 1500m 以上的项目则通常采用站立式起跑。

中长跑项目的起跑仅有"各就位"和"鸣枪"两个环节。各就位时，运动员从集合线走到起跑线处，下肢两脚前后开立，有力脚在前，前脚脚尖紧靠起跑线后沿处，前后脚间距一脚长左右；两脚膝盖微屈，将身体重心放在前脚上，上体稍倾，两臂屈肘一前一后，保持稳定姿势，注意力集中听枪声。鸣枪后，迅速作出反应快速跑出进入到加速跑阶段。

（二）起跑后的加速跑

起跑后加速跑时，下肢的蹬地与前摆、两臂的摆动要积极快速，逐渐拉大步伐，向跑道的内沿切线方向跑进，抢占有利位置。随着加速跑段距离的拉长，上体逐渐抬起至正直或稍前倾，按既定速度和节奏进入到途中跑。需要注意的是一定要根据个人特点、战术需要和现实境况来决定加速跑段的距离长短和速度。

（三）途中跑

中长跑的途中跑阶段主要任务是保持既定速度、节奏有利位置，根据临场情况做适当调整跑进。技术动作要领：上体保持稍前倾姿势，两臂配合下肢技术动作有力、有节奏的摆动。下肢在后蹬与前摆动作时，要与跑的方向一致，后蹬要充分蹬伸髋、膝、踝关节，使后蹬腿充分伸展、髋前送，前摆地摆动腿大腿积极下压同时小腿顺势前摆并做扒地动作，着地腿膝关节微屈、稳定。处于腾空时，主要肌肉群适当放松。着地缓冲时，着地点应控制在距离身体重心投影点较近，以稳定步长和跑的整体节奏，前脚掌着地，迅速屈踝、屈膝和屈髋完成缓冲动作。

中长跑跑道的直道部分和弯道部分距离各半，在进入弯道前 2～3 步，身体躯干应有意识向圆心方向倾斜，并加大右腿和右臂的力量和摆动幅度；在跑出弯道前 2～3 步，应有意识地转正身体，左右腿、左右臂的力量和摆动幅度趋于平衡。

中长跑的途中跑阶段中"极点"及其处理方法。产生原因：内脏器官的惰性使氧气供应暂时落后于肌肉活动的需要，加之肌肉活动产生的大量乳酸和二氧化碳等代谢产物积聚不能及时有效地消除。具体表现：运动员在跑一段时间后，出现不同程度的呼吸困难、胸部发闷、四肢无力、跑速下降，产生难以继续跑下去的感觉，称"极点"。

极点是一种正常生理现象，它的反应程度与运动员训练水平高低、运动强度大小、准备活动是否充分等密切相关。一般情况下，运动员训练水平高，其内脏器官和神经系统适应性强，极点现象出现得晚、程度轻、持续时间短。准备活动充分，在一定程度上能够缓和极点的反应程度。当极点出现时，一定要以顽强的意志品质坚持跑下去，注意呼吸的深度，适当调整跑速、动作节奏，极点现象得以缓和后，接着"第二次呼吸"很快出现，如此便可以较为轻松地继续跑下去。

（四）冲刺跑

一般情况下，运动员预定的冲刺跑距离长短是根据个人特点、训练水平、临场现实状况等因素而定的，通常可以在最后 150～200m 处进入冲刺跑。耐力好的运动员冲刺距离可长些，反之则冲刺距离可短些。冲刺跑时应积极主动加大摆臂，加快步频和拉大步幅，增加躯干的前倾角度，突然性加速，竭尽全力以最快速度冲过终点。

（五）呼吸

中长跑的呼吸节奏必须与跑的节奏相配合，通常可以采用"两步一吸，两步一呼"。呼吸时采用鼻和半张开的口同时进行呼吸的方法，并且呼吸要具有一定的频率和深度。

冬季练长跑或顶风跑时，为了避免冷空气和强气流直接刺激咽喉，可将舌尖上翘，微微舔住上腭。

在跑的过程中随着速度的加快和疲劳的出现，呼吸的频率会相对应有所增快，为此可采用"一步一呼，一步一吸"的方法进行呼吸，同样，呼气时要有一定深度，以充分呼出二氧化碳，充分吸入氧气为机体提供充足的氧气。

三、跳高基本技术

跳高属于跳越高度障碍运动，其技术动作几经革新后有跨越式、剪式、俯卧式、滚式和背越式。在正式的比赛中，剪式、滚式以及俯卧式技术动作已经极少出现，运动员大多采用更为科学的背越式。

（一）背越式跳高技术

一个完整的背越式跳高技术由助跑、起跳、过杆和落地 4 个技术阶段构成（图 4-6）。

图 4-6 背越式跳高技术

1. 助跑

助跑的主要任务是使人体水平位移从而获得适宜的水平速度，为起跳创造有利条件。助跑时，可采用的起动方式有原地起动或行进间起动。助跑步数一般为 8～12 步，其中后 4～6 步为弧线助跑。进行前段直线助跑时，应逐渐加速，助跑轻松且富有弹性；进行后段弧线助跑时，身体逐步内倾，加大外侧腿、臂幅度，最后几步逐渐加快，重心平稳，步频加快。倒数第二步时，摆动腿积极着地支撑准备起跳；最后一步时，身体内倾，起跳腿迅速踏向起跳点。助跑全过程要求运动员上肢和下肢动作协调配合，步点准确，节奏合理、稳定。

2. 起跳

起跳的主要任务是利用助跑的水平速度，转变人体运动方向，最大限度获取垂直速度，使身体充分向上腾起，为成功过杆创造条件。起跳时，脚跟外侧着地过渡到全脚掌着地；远离横杆的腿起跳离地后，躯干保持伸展姿态向上，在摆动腿与同侧手臂上摆带动下加速身体绕纵轴旋转背对横杆，准备过杆。起跳全过程要求运动员摆腿和摆臂动作协调配合。

3. 过杆

过杆的主要任务是利用身体重心腾起高度，以科学合理的身体姿势成功越过横杆。过杆时，当头、肩越过横杆后及时仰头倒肩、展体挺胸、稍微收后腿形成杆上"背弓"姿势，重心过横杆后，加速向上甩腿越过横杆。

4. 落地

落地的主要任务是使身体安全着地。过杆后，保持屈髋、伸膝动作姿势，以肩、背部落垫。

（二）跨越式跳高技术

跨越式跳高技术动作过程主要包含助跑、起跳、过杆和落地 4 个技术部分。

1. 助跑

助跑时，从横杆侧面直线助跑，步数通常为 6～8 步，助跑方向与横杆的夹角为 30°～60°左右，自然放松逐渐加速，有速度有节奏。

2. 起跳

起跳点位置在近侧立柱 1m 左右，距离横杆投影线向外 60～80cm。起跳时，有力脚起跳，脚跟着地后迅速过渡到全脚掌，起跳腿踏起跳点的同时两臂平行后引缓冲压紧地面后两臂上摆，以髋关节带动腿积极上摆，在两臂和摆动腿的协调配合下，起跳腿快速蹬伸完成起跳。

3. 过杆

过杆时，基于起跳完成后身体充分腾起，摆动腿上杆后伸直并内旋下压，起跳腿上提并外旋，两臂协调摆动，上体移动使臀部移过横杆。

4. 落地

落地时，摆动腿先落地，起跳腿依次落地，并屈膝缓冲。

四、跳远基本技术

跳远又称急行跳远，属于速度力量类项目，在正式的比赛中以远度决定名次。完整的跳远技术动作由助跑、起跳、腾空和落地 4 个技术段组成。

（一）助跑

助跑的主要任务是获得理想的水平速度，为踏板起跳创造有利条件。助跑的起动可采用从静止姿势开始的"原地起动"和先走几步的"行进间起动"。加速方式，有开始阶段步频较慢，往后逐渐提高至稳定的"平稳加速方式"和从始至终保持在较高水平的"积极加速方式"。

助跑的距离上，应根据自身的跑动能力而定。通常，男子助跑距离在 35～45m，跑 18～24 步；女子助跑距离在 30～40m，跑 16～22 步。助跑时，放松、自然，逐渐加速，起跳前最后一步步幅稍小，身体重心适度降低，为起跳做好充分准备。

（二）起跳

起跳的主要任务是充分利用助跑所取得的水平速度，创造必要的垂直速度，以获得尽可能大的腾起初速度和适宜的腾起角度。踏跳时，以脚后跟先着地并迅速过渡到全脚掌蹬地准备起跳；起跳时，起跳腿蹬伸用力起跳快，摆臂摆腿配合快。

（三）腾空

腾空步以后的空中动作姿势主要有蹲踞式、挺身式和走步式 3 种。

（1）蹲踞式：腾空步后，起跳腿向前上方提举，向摆动腿靠拢，身体呈团身蹲踞姿势。

（2）挺身式：腾空步后，摆动腿做向前、向下、向后滑摆至起跳腿并拢，同时伸展髋关节，在挺身展髋的同时两臂摆至后上方，身体完全伸展，稍有反弓，然后收腹举腿，两臂向前准备落地（图 4-7）。

图 4-7　挺身式跳远技术

（3）走步式：腾空步后，摆动腿以髋为轴下放后摆，同时起跳腿大腿带动小腿屈膝前摆，在空中完成自然换步，落地前摆动腿继续前摆，靠拢起跳腿，完成落地前的准备姿势（图 4-8）。

图 4-8　走步式跳远技术

（四）落地

跳远落地的主要任务是在身体不后倒的前提下，尽可能地获得较大的落地距离。跳远技术中不同的空中动作，其落地动作也略微有所不同。

（1）蹲踞式落地，即两腿前伸，以脚跟接触沙面后落入沙坑，屈膝缓冲安全着地，向前走出沙坑。

（2）挺身式落地，即两臂由上经体前和体侧向后引，同时收腹举腿，两腿前伸。

（3）走步式落地，即两腿前伸，两臂直臂大幅度绕环，动作的形式与下肢走步动作协调配合完成。

五、推铅球基本技术

推铅球技术几经变革，主要有以下 3 种技术，即侧向滑步、背向滑步和旋转式。在正式的比赛中背向滑步推铅球技术最为常见。

（一）侧向滑步推铅球

侧向滑步推铅球技术由握持球、准备姿势、预摆、滑步、最后用力和维持平衡 6 个技术动作环节组成（图 4-9）。

图 4-9　侧向滑步推铅球技术

（1）握持球：持球时，五指自然分开，指根以上触球，手掌掌心空出。握好球后将球放至锁骨窝处，颈部和下颌紧贴铅球，此时手肘稍低于肩或平齐，两眼平视前方。

（2）准备姿势：握持球后，以高姿站位，身体左侧对准投掷方向，两脚开立右脚靠近投掷圈后沿，重心落在右脚上，左脚膝关节自然弯曲，以脚掌内侧着地。上体稍右倾，左臂自然微屈上举，两眼平视前方。

（3）预摆：预摆的次数一般为 1～2 次。预摆时，左腿离地以大腿带动小腿向投掷方向有节奏摆起，左腿回摆靠近右腿时，右腿膝关节紧随左腿摆动节奏屈膝下蹲，上体右倾，收腹含胸。

（4）滑步：滑步时，左腿向左侧摆出，同时右腿用力侧蹬，右腿充分蹬伸后，迅速收拉小腿，使前脚掌沿地面滑至投掷圈圆心附近，脚尖内扣，同时左腿积极下压，以前脚掌内侧着地，形成最后用力前的良好姿势。

（5）最后用力：最后用力紧随滑步动作，左脚一着地即形成最后用力开始姿势。右腿用力蹬地送髋、转体、挺胸、抬头推臂以合理的角度将球拨出。

（6）维持平衡：球出手后，迅速换步、降低重心，维持身体平衡。

（二）背向滑步推铅球

背向滑步推铅球主要有握持球、准备姿势、滑步、最后用力和维持平衡 5 个技术动作环节（图 4-10）。

图 4-10　背向滑步推铅球技术

（1）握持球：握好球后将球放至锁骨窝处，颈部和下颌紧贴铅球，此时手肘稍低于肩或平齐，两眼平视前方。

（2）准备姿势：握持球后，背对出球方向，左脚放在右脚的侧后方，右脚为重心支撑脚，左脚脚尖触地同时维持身体平衡。准备姿势中，低姿站位上体前倾，躯干基本与地面平行；高姿站位身体直立，躯干基本与地面垂直。

（3）滑步：右手持球为例，身体背对投掷方向，左臂下沉并自然前伸，左大腿向后方摆动，同时右腿屈膝团身蹬离地面，右脚沿地面滑行至投掷圈中心部位，紧接着右腿迅速内扣，左脚以内侧掌着地，形成背向最后用力开始姿势。

（4）最后用力：形成最后用力开始姿势后，右腿用力蹬地送髋、转体、挺胸、抬头推臂以合理的角度将球拨出。

（5）维持平衡：球出手后，双腿及时做换步动作以维持身体平衡。

拓展阅读

马拉松的起源

马拉松属于超长跑比赛项目，距离为 42.195 公里，它代表着毅力、喜悦、希望、和平。"马拉松"是希腊的一个地名。马拉松赛跑起源于公元前 490 年的一场反侵略战争，这场战役是古波斯人和古雅典人在离雅典不远的马拉松海边发生的，史称希波战争，古雅典人最终获得了胜利。为了让故乡人民尽快知道胜利的喜讯，统帅米勒狄派了一名菲迪皮茨的士兵回去报信，士兵拼了命地跑，当他跑到雅典时已精疲力竭，激动地喊道"雅典人，我们胜利了"，说完便倒地死去。为了纪念这一事件，顾拜旦采纳了历史学家布莱尔以这一事件设立比赛项目的建议，1896 年举行的现代第一届奥林匹克运动会中设立了马拉松赛跑这一比赛项目，并把当年士兵菲迪皮茨送信跑的里程 40 公里作为赛跑的距离。马拉松比赛距离几经更改，在第 2 届奥林匹克运动会时比赛距离由起初的 40 公里改为 40.26 公里；第 3 届奥林匹克运动会时马拉松比赛距离改成原来的 40 公里；1908 年第 4 届伦敦奥林匹克运动会时马拉松比赛距离改为 42.195 公里，这一赛距至今未变。

目前，国际上的马拉松比赛分为：全马、半马、四分之一马和迷你马拉松四种。比赛距离：全马为 42.195 公里；半马为 21.0975 公里；四分之一马为 10.548 公里；迷你马拉松无具体公里数，一般是根据当时比赛情况设定 3～8 公里，常见的距离是 5 公里。

课后提升

1．田径运动具有哪些特点？
2．田径运动开展对发展和提升青少年身体素质有哪些积极作用？
3．如何理解田径是"运动之母"？

第五章 气 排 球

 运动能力目标

1. 了解气排球的起源、发展、特点、规则和裁判方法。
2. 熟练掌握气排球的基本技术，熟练掌握传、垫、发等基本气排球技能。
3. 提高身体素质，提升学生的反应能力、移动能力和跳跃能力。

 健康行为目标

1. 体验气排球运动的乐趣，增强身体素质、舒缓心理压力、拓宽人际交往的能力。
2. 提高气排球运动锻炼方法，养成终身体育锻炼的习惯。

 体育品德目标

1. 培养学生顽强拼搏、奋发向上、团队协作的意志品质。
2. 了解气排球发展史和我国排球的荣誉史，增强民族自豪感。
3. 培养学生吃苦耐劳、为目标拼搏的精神。

思维导图

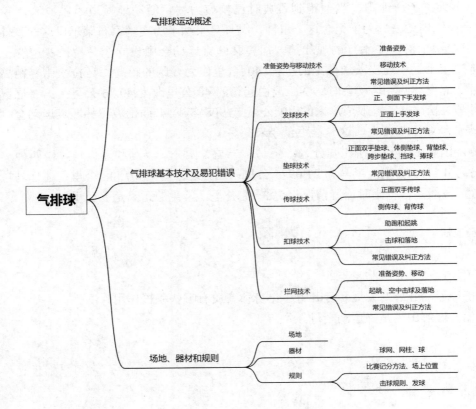

课前自学

第一节　气排球运动概述

气排球是一项在中国土生土长的隔网对抗项目，2017 年，在第 13 届全国运动会上成为正式比赛项目。其前身是排球运动，1985 年，灵川县老年人体育协会副秘书长龚艺结合老年人身体素质，发明创造了可以替代正常排球的气排球，由于气排球重量比排球轻了很多，正是这个特点降低了初学者对球的恐惧感和垫球的疼痛感，提高了人们学习气排球兴趣和积极性。另外，气排球是一项集运动、休闲、娱乐为一体的群众性体育项目，尤其适合老年人、少年儿童以及不宜进行大强度活动人员，同时气排球也可以作为竞技排球的初级辅助训练方式进行教学和训练（图 5-1）。

图 5-1　气排球运动

第二节　气排球基本技术及易犯错误

一、准备姿势与移动技术

在气排球运动中，准备姿势和移动是完成各项技术和战术的前提和基础，两者关系密切，不可分割。准备姿势是为了能快速反应和启动，移动是为了接近球，以便击球，也是为了抢占场上的合理位置与同伴配合。

（一）准备姿势

两脚前后开立略比肩宽，两脚尖稍内收，保持微动状态；膝关节微屈，脚跟提起，身体重心稍微靠前。两臂自然弯曲，双手置于腹前；身体适当放松，抬头，两眼时刻注视来球，随时准备启动迎接来球（图5-2、图5-3）。

图5-2　低姿准备姿势　　　　　　　　图5-3　中高姿准备姿势

（二）移动技术

以短距离为主；要求判断准确，起动迅速，移动步法灵活，制动有力。气排球移动步伐多种，通常分以下四种。

1. 滑步

如向左滑步时，右脚向右蹬地，左脚向左迈步，右脚再跟过来踏在左脚的右侧，再继续向右蹬地，如此连续滑步。向右、向前、向后滑步动作相同。如只滑一步，称为并步。

2. 交叉步

如向左移动时，右脚向右蹬地后，从左脚前面向左交叉迈出一大步，然后左脚再向左跨步制动，对准来球，保持好击球前的准备姿势。向右也同样。

3. 跨步

当来球低而快时，采取向来球跨出一大步，降低重心，上体前倾，以便迎击低球。球近时可以直接跨步，球远时可以在滑步或跑步之后再做跨步。

4. 跑步

当来球比较远时则用跑步。如球在身后，近时可以采用后退跑，远时则要转身向后跑。跑步要尽快抢占来球位置，并通过制动站稳后再做击球动作。采用跑步移动时，两臂要配合摆动，应根据来球的方向，边跑边转身。

（三）准备姿势与移动技术练习中常见错误及纠正方法

准备姿势与移动技术练习中常见错误及纠正方法见表5-1。

表5-1　准备姿势与移动技术练习中常见错误及纠正方法

常见错误	纠正方法
臀部后坐，全脚掌着地	体会动作要领，上体前倾肘部垂线要超过脚尖，身体重心移动至前脚掌
身体前倾重心过高	多做低姿移动和加强腿部力量的练习
身体重心起伏过大	多做徒手练习和在网下往返移动练习

二、发球技术

发球是将球抛起后，用一只手（或手臂的部分）将球击向对方场地从而进入比赛过程的一种技术动作。

（一）正面下手发球

面对球网，两脚前后开立，左脚在前，右脚在后，左手托球于右腹前。发球时，左手将球在右肩前向上抛 20～30cm，右臂伸直后引，以肩为轴向前挥臂，在腰腹右侧，用手掌击球的后下部。同时右脚蹬地，重心随之前移（图 5-4）。

图 5-4　正面下手发球

（二）侧面下手发球

准备姿势左肩立，左手持球。发球时，左手抛球于体前一臂远，离手高度约 30cm 处，同时右手向右侧后下方摆。击球时，利用向左蹬转体的力量（图 5-5）。

图 5-5　侧面下手发球

（三）正面上手发球

身体面对球网，两脚前后开立，右手发球，左脚在前，左手持球于胸前，右臂向后上方举起、以手掌、虎口等部位击球后下部，重心移至左脚，面向球网（图 5-6）。

图 5-6　正面上手发球

（四）发球技术练习中常见错误及其纠正方法。

发球技术练习中常见错误及其纠正方法见表5-2。

表5-2　发球技术练习中常见错误及其纠正方法

种类	常见错误	纠正方法
正面下手发球	准备姿势偏高，击球的位置过高，影响发球的准确性	1. 明确动作概念 2. 结合抛球练习
	抛球与摆臂击球动作不协调	1. 徒手练习摆臂击球动作 2. 结合抛球进行摆臂练习
	摆臂击球方向不正确，手臂在肘关节处弯曲过大，击球不准	1. 徒手练习 2. 多击固定球
正面上手发球	抛球不准，击球点靠后；击球不准，无推压带腕动作	1. 固定目标抛球练习 2. 眼看球，多做对墙或隔网轻发球练习，体会手掌包球的动作
	动作不协调，全身用力不协调	单手掷实心球练习，对墙发球练习，击固定球练习

三、垫球技术

垫球分为正面双手垫球、体侧垫球、跨步垫球、背垫球，以及前扑、鱼跃等垫球动作。

（一）正面双手垫球

动作要领是正面面对来球方向，两脚开立稍宽于肩，脚跟微起，两膝弯曲稍内收的准备姿势，两手手指重叠后合掌互握，掌跟靠拢，两拇指平行朝前，手臂伸直，手腕下压，两臂外翻，前臂形成一个击球平面。

击球手型主要有两种，即叠掌式（图 5-7）、包拳式（图 5-8）。击球点在桡骨内侧合成的平面上为佳（图 5-9）。

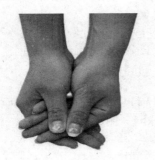 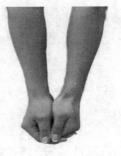 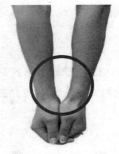

图5-7　叠掌式　　　　　图5-8　包拳式　　　　图5-9　垫球位置

（二）体侧垫球

当球向一侧飞来时，重心移至来球同侧脚上，同侧脚屈膝，异侧肩稍下斜，同时两手互握，小臂夹紧外翻，向来球一侧伸出，用向内转挺腰和转肩抬臂动作由侧后向前截击来球路线，以小臂垫球部位，击球后下部。

（三）背垫球

判断来球方向，迅速移动到球的落点处，背对击球方向，两臂夹紧伸直，击球手形与正面垫球相同，击球点要高于肩部。在背垫低球时，也可以屈肘，翘手腕动作，从虎口处将球向后上方垫起（图 5-10）。

图 5-10　背垫球

（四）跨步垫球

当判断来球落点后，及时向来球方向跨出一步，屈膝制动，身体重心落在跨出脚上，上体前倾，臀下降，两臂积极前伸插入球下，用前臂击球的后下部（图 5-11）。

图 5-11　跨步垫球

（五）挡球

双手或单手在肩部以上挡击来球，称为挡球。双手挡球有抱拳式和并掌式。抱拳式：一手半握拳，另一手外包、屈肘，两手小指外侧朝前。并掌式：两肘弯曲，两虎口交叉，紧贴，两掌合并呈勺形。挡球时小臂放松，手腕后仰，以掌根或两掌外侧组成的平面在额前或肩上击球的后下部。

（六）捧球

捧球，是指队员用双手在腹前将离身体较远的来球，用双手将球捧起的技术动作，它的明显动作特征是：双手掌心朝上，十指微张开，形成一个弧形。捧球主要是处理速度快的追身球和低远球。

（七）垫球技术（双手正面垫球）练习中常见错误及其纠正方法

垫球技术（双手正面垫球）练习中常见错误及其纠正方法见表 5-3。

表 5-3　垫球技术（双手正面垫球）练习中常见错误及其纠正方法

常见错误	纠正方法
击球时曲肘，两臂不并拢	徒手模拟，多做击固定球，自垫，要求直臂向上的练习
移动不及时，未正对来球	移动模拟，对墙自垫或向上自垫，移动后垫抛球
两臂用力不当，身体不协调	利用固定球进行垫球动作练习，体会协调用力

四、传球技术

传球是气排球的基本技术之一，是利用手指、手腕的弹动将球传至一定目标的技术动作。按照传球的方向可分为正面传球、背面传球和侧传球三类，都可以在原地传或跳传。

传球时一般用双手，单手传球较少采用。传球时，根据判断对准来球迅速移动、选位，并做好准备姿势，当来球接近额前时，两手在额前呈半球形，两臂下垂，肘自然弯曲，手腕稍后仰，手心斜相对，拇指相对接近"一"或"八"字形。触球时，主要以拇、食、中三指承受球的压力，无名指和小指帮助控制球的方向。传球时，手腕、手指保持紧张，利用手指的弹力及伸臂的迎击动作和身体协调配合，将球击出。传球手型如图 5-12 所示，传球姿势如图 5-13 所示。

图 5-12　传球手型

图 5-13　传球姿势

（一）正面双手传球

移动后，额头前上方对准来球，从传球前准备姿势开始，用手斜相对，十指张开微屈呈半球状，配给蹬地、伸膝、展体的协调用力，在额正前上方 15cm 处主动迎击球。触球时，小指、无名指末节触球两侧，控制球的方向，拇指相对成"一"或"八"字形，并以内侧部位与食指三指节、中指两指节部位托球后下部，承受球的压力，手心空出，并用手指、手腕缓冲控制球的反弹力，将球传出。同时，身体与手臂继续向前上方伸展。

（二）侧传球

移动后，准备姿势、人球关系、击球手型、击球点基本与正面传球相同，只是迎击球时上体和手臂向一侧上方用力，触球部位稍偏向出球方向一侧下方，两肘位置及其动作幅度和用力程度稍有一些高低大小之分。

（三）背传球

移动后，准备姿势、人球关系基本与正面传球相同，主要区别是击球点稍高，迎球时稍仰头挺胸，蹬地伸膝，上体向后伸展，利用抬臂、送肘动作和手指、手腕向后、上方用力，以及拇指成反八形主动上挑动作，将球向后上方传出。

五、扣球技术

扣球是气排球运动技术中攻击性最强的一项技术，也是得分的重要手段，是比赛取胜的关键因素之一。扣球成功与否与一传和二传的质量好坏密切相关，扣球种类很多，这里仅介绍最常用的正面扣球。

（一）助跑和起跳

一般以两三步助跑为主，右手扣球时，左脚自然迈出一步，接着右脚跨出一大步，同时两臂摆至后下方，重心前移，左脚迅速跟上在右脚稍前着地，两臂从体侧上摆，双脚用力蹬地向上跳起。

（二）击球和落地

起跳后，抬头挺胸，两臂屈肘抬起高于肩，上体向右侧扭转，右臂屈肘向头后拉开，手臂放松。击球时，迅速转体收腹，带动手臂挥动，用全掌击球后中上部，手腕快速下甩。落地时，两脚屈膝收腹，控制下落力量（图 5-14）。

图 5-14　扣球完整动作

（三）扣球技术（正面扣球）练习中常见错误及其纠正方法

扣球技术（正面扣球）练习中常见错误及其纠正方法见表 5-4。

表 5-4　扣球技术（正面扣球）练习中常见错误及其纠正方法

常见错误	纠正方法
起跳过早、过晚	在老师给出信号后起跳，自抛自扣，将球向上方高抛起再助跑起跳扣球过网
起跳位置不准，人与球的关系处理不当，击球点太靠前或太靠后	进行助跑起跳动作练习、空中击固定球练习、规定助跑起跳距离和抛球高度扣球的练习
击球的手法不正确，手掌包不好球，击出的球不向前旋转	1. 按扣球挥臂动作对墙投掷垒球、实心球或排球 2. 原地扣平球或连续对墙扣球，降低球网做自抛自扣网练习
击球时，手臂未充分伸直，用不上挥臂甩腕的力量	1. 徒手挥臂击打吊球 2. 做对墙扣平远球练习

六、拦网技术

拦网是防守的第一道防线，是阻挡和削弱对方进攻的最积极、最有效的手段，并且能为本身的防守和组织反攻创造条件，下面以单人拦网为例。

（一）拦网准备姿势

队员面对球网，两脚分开平行站立，约与肩同宽，距网30～40cm，两膝稍弯曲，两臂在胸前自然屈肘。

（二）移动

运用并步、交叉步、跑步移动。

（三）起跳

原地起跳时，重心降低，两膝弯曲，用力蹬地，垂直向上跳起。

（四）空中击球

起跳时，两手从额前贴近并平行球网向网上端的前上右伸小臂，两臂伸直，尽量上提。靠近网并保持平行（图5-15）。拦网时，两臂尽力过网伸向对方上空，两手自然张开，屈指屈腕呈勺形。当手触球时，两手要突然紧张，手腕用力下压盖住球的前上方（图5-16）。

图5-15　空中手臂动作

图5-16　击球动作

（五）落地

如已将球拦回，可面对对方，双脚落地，屈膝缓冲；如未拦到球，则下落时就要随球转头，转身面对后场，准备做下一个动作。

（六）拦网技术练习中常见错误及其纠正方法

拦网技术练习中常见错误及其纠正方法见表5-5。

表5-5　拦网技术练习中常见错误及其纠正方法

常见错误	纠正方法
拦网起跳过早或过晚	1. 对来球反复判断正确的起跳时机或听信号后起跳 2. 在练习中加深体会拦网的正确起跳时间
拦网时双手扑球，造成触网	多做移动起跳后伸臂"包球"动作的练习，不允许触网
拦网起跳后碰网或过中线	1. 多做网前移动、制动、起跳徒手练习 2. 掌握最后一步制动和垂直起跳，练习起跳时在空中含胸收腹

续表

常见错误	纠正方法
漏球	反复练习两臂夹紧头部的动作，网前徒手移动起跳，伸臂后不急于收臂，等落地时检查
对扣球路线判断错误	1. 反复练习拦各种固定路线的扣球 2. 扣各种路线的球，帮助拦网者练习

第三节 场地、器材和规则

一、场地

比赛场区为长 12m、宽 6m 的长方形。四周有 2m 宽的无障碍区，从地面向上至少有 7m 高的无障碍空间；所有的界线宽 5cm，其颜色须区别于场地颜色。

二、器材

（一）球网

球网长 7m，宽 0.8m，网孔为 8cm。网的上沿缝有 5cm 宽的双层白色帆布，球网的两端各系一条宽 5cm、长 0.8m 的标志带，垂直于边线。在两条标志带外沿、球网的不同侧面，分别设置长 1.80m、直径 1cm 的标志杆，高出球网 1m。标志杆每 10cm 应涂有红白相间的颜色。

（二）网柱

用圆形光滑的金属材料制成。

（三）球

由柔软塑料制成，圆周长为 72～78cm，重量为 120～140g。

三、规则

（一）比赛记分方法

比赛采用每球得分制，采用三局两胜制，胜两局的队为胜一场。如果 1:1 平局时，进行决胜局比赛。

（二）场上位置

1. 赛场上人员位置（以五人制为例）

五人制比赛队员位置：靠近球网 2 号位（右）、3 号位（中）、4 号位（左）三名队员为前排队员，另外二名队员 1 号位（右）、5 号位（左）为后排队员。1 号位队员与 2 号位队员同列，4 号位队员与 5 号位队员同列。

2. 发球时的站位

发球时场上队员位置不能调整，前排队员可以站在限制线以外，但后排队员不能站在前排队员前面。

3. 轮转

发球队获得发球权后，该队队员必须按顺时针方向轮转一个位置，2 号位队员轮转至 1 号位，1 号位队员轮转至 5 号位。发球队员得一分后，必须按顺时针方向轮转一个位置。

（三）击球规则

（1）每队最多击球三次（拦网除外），无论是主动击球或被动击球，均作为该队的一次击球。

（2）连续击球。一名队员不得连续击球两次（拦网除外）。

（3）同时触球。两名或三名队员可以同时触球。同队的两名（或三名）队员同时触到球时，被记为两次（或三次）击球（拦网除外）。如果只有其中一名队员触球，则只记一次。队员之间的碰撞不算犯规。

（4）借助击球。队员不得在比赛场区以内借助同伴或任何物体支持进行击球。

（5）击球的性质。球可以触及身体的任何部分。球必须被击出，不可接住或抛出。击球时（包括第一、二、三次击球），允许身体不同部位在一个动作中连续触球。

（6）击球时的犯规：

1）"四次击球"：一个队连续触球四次。

2）"借助击球"：队员在比赛场地以内借助同伴或任何物体的支持进行击球。

3）"持球"：没有将球击出，造成接住或抛出。

4）"连击"：一名队员连续击球两次或球连续触及其身体的不同部位两次击球。

（7）球通过球网。球的整体必须通过球网上空的过网区进入对方场区。过网区是球网垂直面，其范围：下至球网上沿；两侧至标志杆及其延长线；上至天花板。球通过球网时球可以触网。球入网后，在该队的三次击球内，可以再次击球。

（8）触网犯规。比赛过程中触及球网上沿的网带；或触及球网以上的 80cm 标志杆；或击球时借助球网的支持；或造成了对本方有利；或妨碍了对方合法的击球试图。队员击球后可以触及网柱、全网长以外的网绳或其他任何物体，但不得干扰比赛。由于球被击入球网而造成球网触及队员，不算犯规。

（四）发球

后排右（1 号位）队员在发球区内将球击出而进入比赛的行动，称为发球。

1. 首先发球

第一局和决胜局由抽签选定发球权的队首先发球。第二局由前一局未首先发球的队发球。

2. 发球次序

队员发球的次序按位置表上的顺序进行。一局中首先发球之后，发球队胜一球时，必须轮转发球。

拓展阅读

气排球和排球的区别

不同点	气排球	排球
球的材质	球质软。富有弹性，手感舒适，不易伤人。球体大。圆周为 80～83cm；重量轻约 100～120g，在空中飘游缓慢、容易控制。适合于老年人的眼、手、脚的节奏	球圆周为 65～67cm，重量为 260～280g，可为浅黄色或其他颜色

不同点	气排球	排球
球网	球网低。男子网高 2m，女子网高 1.8m。打球时可减少跳跃，运动安全	架在场地中线上空，两根圆柱上，网宽 1m，长 9.50m，女子网高 2.24m，男子网高 2.43m
场地要求	场地小。全场长 12m，宽 6m，室内外均可开展活动	8m×9m 的长方形，四周至少有 3m 空地，场地上空至少高 7m 内不得有障碍物
人数	气排球要比赛场上 5 人	排球上场人数 6 人
规则	所有队员都不可以在限制线内扣球；赢球轮转发球	前排 3 名队员可以在限制线内扣球；赢球连续发球
自由人	没有自由人	有自由人
运动量	运动量适宜。气排球活动有跑、跳、蹲、转身，使脑、眼、手、腰、脚等都运动，但活动量不大，有利于健身强体	运动量可大可小，适合于不同年龄、不同性别、不同体质、不同训练程度的人

课后提升

1. 思考如何在家乡和社区推广气排球运动。
2. 思考过网拦网和过网击球的区别。

第六章 羽 毛 球

 运动能力目标

1. 了解羽毛球的起源、发展、特点以及锻炼价值。
2. 掌握羽毛球的基本技术、竞赛规则与裁判方法，能够自我锻炼并提高技术水平。

 健康行为目标

1. 通过羽毛球学习和锻炼，心肺功能得到极大提高，身体素质得到增强。
2. 参加常规比赛，身体协调性、上下肢的爆发力、灵敏性得到明显的锻炼提高，大部分学生能体会羽毛球运动的乐趣。
3. 能够经常自主进行羽毛球运动，养成终身体育锻炼的习惯。

 体育品德目标

1. 了解羽毛球发展史和我国羽毛球的荣誉史，增强民族自豪感。
2. 培养学生吃苦耐劳、为目标拼搏的精神。
3. 提高学生的团队协作意识、组织能力，提高学生的抗挫折能力，培养不屈不挠、勇于拼搏的精神。

思维导图

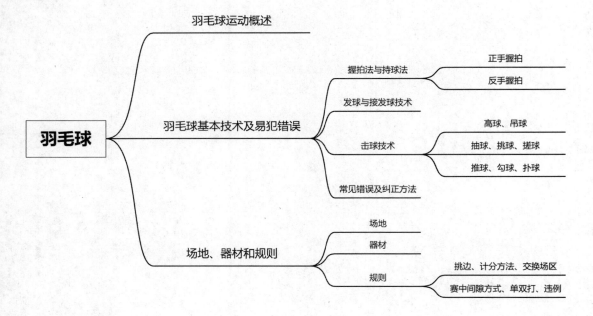

课前自学

第一节　羽毛球运动概述

相传羽毛球最早出现于 14～15 世纪时的日本，球拍是木制的，球用樱桃核插上羽毛制成。大约至 18 世纪时，印度的普那（Poona）出现了一种与早期日本的羽毛球极相似的游戏（球用圆形硬纸板插上羽毛制成，板是木质，两人相对站着，手执木板来回击球的一种游戏），这就是羽毛球运动的雏形。

现代羽毛球运动起源于印度形成于英国。1873 年的一天，英国伯明顿的一位公爵在他的庄园举行宴会，英国退役军官向众人展示一种游戏——用拍子隔网来回击打键球，这是最早期的羽毛球。由此英语中的羽毛球被称为"badminton"。早期的羽毛球场地呈葫芦状，中间狭窄处张挂球网，并在这一场地上举行羽毛球表演。后来加以改进，便成为现代的羽毛球运动。1877 年，第一部羽毛球比赛规则在英国出版。1893 年，英国成立了第一个羽毛球协会，并于 1899 年举行了第一届全英羽毛球锦标赛。1934 年国际羽毛球联合会成立，羽毛球比赛有了统一的规则。从此，羽毛球国际比赛日渐增多，这项运动也逐渐传到了世界各地（图 6-1）。

图 6-1　羽毛球比赛

现代羽毛球运动大约于 1910 年传入我国，新中国成立后，体育运动得到了蓬勃的发展。1981 年 5 月，国际羽毛球联合会重新恢复了我国在国际羽联的合法席位，从此揭开了国际羽坛历史上新的一页。之后中国涌现了一大批羽毛球世界级选手，他们在一系列世界大赛中为祖国夺得了众多的金牌，奠定了我国羽毛球技术水平处于世界羽坛领先地位的基础，创造了中国羽毛球历史上的辉煌时期，并一直延续至今。

第二节　羽毛球基本技术及易犯错误

一、握拍法与持球法

掌握正确的握拍法有利于击球的准确性和技术水平的提高。羽毛球基本握拍法有两种，即正手握拍法和反手握拍法。

（一）正手握拍

虎口对着拍柄窄面的小棱边，指和食指贴在拍柄的两个宽面上，食指和中指稍分开，中指、无名指和小指并拢握住拍柄，拍面基本与地面垂直（图6-2）。

（二）反手握拍

在正手握拍的基础上，拇指和食指将拍柄稍向外转，指顶点在拍柄内侧的宽面上，中指、无名指和小指并拢握住拍柄球拍斜侧向身体左侧，拍面稍向后仰（图6-3）。

图6-2　正手握拍

图6-3　反手握拍

二、发球与接发球技术

（一）发球技术

根据发球的姿势，有正手发球、反手发球之分。可视自己的习惯或战术的需要来选用正手或反手发球。根据球飞行的角度和距离，可分为后场高远球、后场平高球、后场平快球和网前小球四种。无论用何种方式发球，在把握好发球时机的同时，还要注意发球动作的隐蔽性、突变性、落点多样性等特点。

1. 正手发球技术

（1）正手发高远球。俗称发大球。发球时，左手松开使球下落，同时右手握拍沿着向下而上的弧线，向前上方加速挥摆。将触球时，前臂带动手腕向前上方"闪动"，使击球瞬间造成"爆发力"，击球点在右侧前腰下（图6-4）。

图 6-4　正手发高远球

（2）正手发网前球。俗称发小球。挥拍的幅度要小，力量较轻，拍面稍后仰，主要利用手腕和手指的力量从右向左斜切推送，把球击出（图 6-5）。

图 6-5　正手发网前球

（3）正手发平高球。技术要领与发高远球类似，只是在击球的一刹那，前臂加速带动手腕向前上方挥动，拍面要向前上方倾斜，以向前用力为主。

（4）正手发平快球。技术要领与发平高球类似，充分利用前臂带动屈腕的爆发力向前方用力击，使球直接从对方肩上高度越过后场，出手（击球）动作要小而快。

2. 反手发球技术

反手发球技术是在身体的左前方用反手握拍击球的一种发球方式。其动作的力臂距离相对要小，发球时对球的控制力更强。

（1）反手发网前球。面向球网，两脚前后开立（右脚或左脚在前均可），身体重心在前脚上。右手臂屈肘，用反手握拍将球拍横举在腰间，拍面在身体左侧腰下。击球时，前臂带动手腕朝前横切推送，下落到对方前发球线附近（图 6-6）。

（2）反手发平快球。准备动作与反手发网前球一致，发力时，小臂带动手腕，突然发力，拍面要有"反压"动作。

图 6-6 反手发网前球

（二）接发球技术

还击对方发过来的球叫接发球，接发球和发球一样，都是羽毛球最基本的技术。

1. 单打站位

单打站位于离前发球线 1.5m 处。在右发球区要站在靠近中线的位置，在左发球区则站在中间位置。一般左脚在前，右脚在后，双膝微屈，收腹含胸，身体重心放在前脚上，后脚脚跟稍抬起，两眼注视对方（图 6-7）。

图 6-7 单打站位

2. 双打站位

由于双打发球区比单打发球区短 0.7m，双打发球多发网前球为主。接发球时要站在靠近前发球线。其准备姿势和单打的接发球姿势基本相同。区别在于身体前倾较大，身体重心可以随意放在任何一脚。

三、击球技术

羽毛球击球技术方法，包括击高球、吊球、杀球、搓球、推球、勾球、扑球、抽球、挑球等，每一种技术又可分为正手和反手击球法。

（一）高球

将击球点高于头部的击球，称为高球。高球按技术特点和球的飞行弧线可分为：高远球、平高球、扣杀球等。

1. 高远球

击出高弧线飞行、几乎垂直落到对方端线附近场区内的球，称为高远球。

判断来球的落点及方向，侧身后退使球位于正手前上方。若右手握拍，左脚在前右脚在后，重心在右脚上，左臂屈肘，左手自然高举，右手持拍，大小臂自然弯曲，将球拍举在右肩上方，两眼注视来球（图6-8）。

图6-8　正手击高远球

2. 平高球

平高球是属于后场快速进攻的主要技术之一。它是比赛中控制与反控制，直接进攻或主动过渡以创造进攻机会的有效手段。击平高球的方法与击高远球的方法基本一致，要求在击球点上的拍面仰角小于击高远球时的拍面仰角。

3. 扣杀球

正手扣杀球的与正手击高远球技术大致相同，击球时，要充分运用腰腹力量和肩关节的力量，发力时身体较为后仰，呈反弓形。发力挥拍，击球点在右肩前上方，拍面角度在75°～85°角为宜（图6-9）。

（二）吊球

球的准备姿势与正手击高远球大致相同，吊球是把对方击来的高球自后场轻击或轻切、轻到对方的近网附近的球。

（三）抽球

抽球是把在身体左、右两侧，肩以下，腰以上的来球平扫过去。有正手抽球（图6-10）和反手抽球两种（图6-11）。

图 6-9　扣杀球

图 6-10　正手抽球　　　　　　　　　　　　　　图 6-11　反手抽球

（四）挑球

挑球是把对方击来的吊球或网前球挑高回击到对方后场去，这是在比较被动的情况下采取的一种防守性技术。挑球有正手挑球（图 6-12）和反手挑球（图 6-13）两种。

图 6-12　正手挑球　　　　　　　　　　　　　　图 6-13　反手挑球

（五）搓球

用球拍击球托的左侧、右侧或底部，使球向右侧或左侧旋转并翻滚过网。搓球有正手搓球（图 6-14）和反手搓球（图 6-15）。

图 6-14 正手搓球

图 6-15 反手搓球

（六）推球

推球是把对方击来的网前球推击到对方的后场两底角去。球飞行的线较低平，速度较快。站在右网前，球拍向右侧前上举。击球时在肘关节微屈回收时，前臂稍外旋，手腕稍向后侧，球拍随之往右下后摆，拍面正对来球。推球技术分正手（图 6-16）和反手两种。

图 6-16 正手推球

（七）勾球

勾球与搓球相仿。正手勾球时，前臂内旋带动屈腕动作，用拍面击球托的右后部分。反手勾球时，前臂外旋带动伸腕动作，用拍面击球托的左后部分。

（八）扑球

回击网前球时，在球刚越到网顶即迅速上网向斜下扑压，称为扑球（图 6-17）。

图 6-17　正手扑球

四、羽毛球基本技术常见错误及纠正方法

羽毛球基本技术常见错误及纠正方法见表 6-1。

表 6-1　羽毛球基本技术常见错误及纠正方法

动作内容	常见错误	纠正方法
发球	1．放球与挥拍配合不好 2．准确性差 3．动作值硬	1．反复体会动作，多做发球练习发球 2．准备动作不充分，加强重复练习 3．注意放松协调用力
高球	1．打不到球 2．用不上力 3．击球无力	1．对准固定标志物，多做挥拍练习 2．进一步体会　理解技术要领 3．加强力量练习，加快击球出手速度
网前球	1．击球过网过高或不过网 2．不翻转 3．扑球球拍触网	1．放松握拍，调整用力大小 2．手指灵活控制拍面角度，加快拍的切削动作 3．减小动作幅度，加强手腕闪动
吊球、杀球	1．接吊球杀球反应慢，接不到球 2．接杀球不过网	1．准备充分，提高判断反应的能力，加快起动 2．适当增加向前上方提拉的力量
步法	1．移动慢 2．步法不到位	1．加强下肢力量，灵敏度练习，提高起动速度 2．对照技术规范，加强准确性练习

第三节　场地、器材和规则

一、场地

比赛场地为长方形，长 13.4m，单打场地宽 5.18m，双打场地宽 6.1m。球网一般是尼龙绳编织。球网由边长为 15～20mm 的方形网孔均匀分布而构成。球网的长度为 6.02m（场宽 6.1m 减去 2 个网柱直径之和 0.08m 的差），球网两端高度为 1.55m，球网中间高度为 1.524m（图 6-18）。

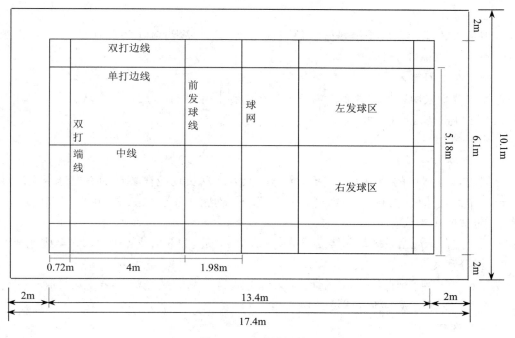

图 6-18　羽毛球场地

二、器材

（一）羽毛球

羽毛球一般规格是球托上固定有 16 根羽毛，羽毛球重量为 4.76～5.5g，羽毛球球托可以用天然材料、人造材料或混合材料制成，只要飞行性能达标即可。

（二）球拍

羽毛球拍长度不超过 68cm，宽度不超过 23cm，拍面应平整，拍面不超过 28cm，宽度不超过 22cm。

三、规则

（一）挑边

赛前，用羽毛球进行挑边，球托对着哪方，哪方就有优先选择是发球还是场地，输者在余下的一项中选择。

（二）计分方法

（1）除非另有规定，一场比赛应以三局两胜定胜负。

（2）除（4）和（5）的情况外，先得 21 分的一方胜一局。

（3）一方"违例"或球触及该方场区内的地面成死球，则另一方胜这一回合并得 1 分。

（4）20 平后，领先 2 分的一方胜该局。

（5）29 平后，先得 30 分的一方胜该局。

（6）一局的胜方在下一局首先发球。

（三）交换场区

以下情况，运动员应交换场区：第一局结束；第二局结束（如果有第三局）；在第三局比赛中，一方先得 11 分时。

（四）赛中间隙方式

每场比赛均采用三局两胜制。当任一方在比赛中得到 11 分后，双方队员将休息 1 分钟，两局比赛之间的休息时间为 2 分钟。

（五）单打

1. 发球区和接发球区

一局中，发球员的分数为 0 或双数时，双方运动员均应在各自的右发球区发球或接发球；一局中，发球员的分数为单数时，双方运动员均应在各自的左发球区发球或接发球。

2. 击球顺序和位置

一回合中，球应由发球员和接发球员交替从各自场区的任何位置击出，直至成死球为止。

3. 得分和发球

发球员胜一回合则得 1 分，随后发球员再从另一发球区发球；接发球员胜一回合则得 1 分，随后接发球员成为新发球员。

（六）双打

1. 发球区和接发球区

（1）一局中，发球方的分数为 0 或双数时，发球方均应从右发球区发球。

（2）一局中，发球方的分数为单数时，发球方均应从左发球区发球。

（3）接发球方按其上次发球时的位置站位。

（4）接发球员应是站在发球员斜对角发球区的运动员。

（5）发球方每得 1 分，原发球员则变换发球区再发球。

（6）除发球区错误的情况外，球都应从与发球方得分相对应的发球区发出。

2. 击球顺序和位置

每一回合发球被回击后，由发球方的任何一人和接球方的 任何一人，交替在各自场区的任何位置击球，如此往返直至死球。

3. 得分和发球

（1）发球方胜一回合则得 1 分，随后发球员继续发球。

（2）接发球方胜一回合则得 1 分，随后接发球方成为新发球方。

4. 发球顺序

（1）每局比赛的发球权必须如下传递：先由首先发球员从右发球区发球；其次由首先接发球员的同伴从左发球区发球；然后是首先发球员的同伴；接着是首先接发球员；再接着是首先发球员，依次传递。

（2）运动员在比赛中不应有发球、接发球顺序错误或在一局比赛中连续两次接发球（发球区错误的情况除外）。

（3）一局胜方的任一运动员可在下一局先发球；一局负方的任一运动员可在下一局先接发球。

（七）违例

（1）过手违例。

（2）过腰违例。

（3）挥拍有停顿。

（4）脚移动、触线或不在发球区内将判违例。

（5）最初击球点不在球托上或发球时未能击中球，将判违例。

（6）发球时，球没有落在规定的接发球区内，将判违例。

（7）球从网上、网孔穿过触及天花板或触及运动员的身体、衣服，将判违例。

拓展阅读

用球拍击打出二十年辉煌生涯的羽毛球"超级丹"

如果你想要超越林丹，那你需要等到世界杯羽毛球赛重启的那天。职业生涯五夺世锦赛冠军，六次全英男单加冕，16 年间全运会赛场豪取四连冠，以及连续 219 周累计 233 周世界第一头衔的傲人战绩，使得他在该项目的 GOAT 之争中无可争议。当他头顶 20 个世界冠军头衔潇洒退役后，留给羽毛球赛场的只有羽毛球双圈全满贯的传说和一系列后人无法打破的纪录。

中国运动员林丹作为奥运历史上唯一的卫冕男单冠军，攻击犀利不乏灵活，以拉吊突击为主打法，杀球绝活世界第一年轻的时候，他凭借着出色的运动神经和身体素质，垄断了 21 世纪以来大多数的冠军头衔。而到了生涯末年，饱受伤病、运动能力下降后，又凭借丰富的经验改变自己的打法，成为一名出色的防守反击大师。

小时候的林丹便早早展现出了不肯服输、自尊心强的性格，训练再苦再累，也没有说过想要放弃。虽然在队里技术并不突出，但身体素质十分优秀。在离开父母独自进入省体校之后，林丹独立生活的能力变得更强，即使生病发烧，也不愿意请假耽误训练。12 岁进入军队后，长期的部队生涯更是磨砺了他的意志，也促使他完成了由男孩向男人的蜕变，这也使得即便遭遇挫折与失败，也没有让他失去顽强拼搏的精神，这也是支撑他 20 年职业生涯的坚定信念。

而在他二十载职业生涯中，最令人津津乐道的无疑是横亘职业羽坛十余年的林李大战了，如同决战紫禁之巅，林丹与李宗伟的故事在他们初登职业赛场的时候便早早展开。2004 年，彼时已经收获四项冠军头衔的林丹与李宗伟在汤姆斯杯预选赛相遇了。当时的林丹已经是登顶世界羽联排名第一的选手，在迈过了陶菲克与盖德后正值生涯巅峰，而李宗伟不过是个初出茅庐的潜力新人，失败的结果也是必然的。然而彼时的林丹远远不曾料想到，仅在一年后的马来西亚公开赛上，这位曾经的手下败将便在决赛中将他拉倒拿下，自此两人开启了长达十余年的羽坛之旅。

决赛赛场的垄断。在先后赢下香港公开赛和瑞士超级赛后，两人的舞台来到了北京奥运会的决赛赛场，当时的李宗伟首次夺得世界羽联超级系列赛男单冠军，一路过关斩将冲进奥运决赛，誓要将金牌收入囊中，然而面对天神下凡的"超级丹"，0:2 兵不血刃地被林丹击败，在此后的十数次交手中，虽偶有建树，但仍然是赢少输多。在 2012 年的伦敦奥运会上，李宗伟与林丹战至最终一刻，但无奈功败垂成，再次苦吞败绩。

如果李宗伟能够早生十年亦或是晚生十年，也许凭借着他的实力能够向着羽毛球历史的顶峰发起冲击，但无奈在这个时代注定是属于林丹的舞台。纵观两人职业生涯，彼此交手 40 次，林丹以 28 胜 12 负占据着绝对优势。对于李宗伟来说，击败林丹是其职业生涯的奋斗目标，而对于林丹来说，这只是他生涯强敌的冰山一角。陶菲克、盖德、鲍春来、陈金无数辉煌的成绩只能佐证他的实力，而他的强大远不是数字所能体现的。他在羽毛球项目的发展上激励了一批又一批人以他为目标，向更高的巅峰迈进。他注定会是人类体育史上的一座丰碑，是值得所有后辈尊崇的体育偶像。

课后提升

1. 羽毛球的基本技术有哪些？
2. 羽毛球比赛中有哪些违例和犯规现象？
3. 提高羽毛球运动水平应进行哪些身体素质练习？

第七章　乒　乓　球

 运动能力目标

1. 了解乒乓球的起源、发展、特点以及锻炼价值。
2. 掌握乒乓球的基本技术、竞赛规则与裁判方法，能够自我锻炼并提高技术水平。

 健康行为目标

1. 通过乒乓球学习和锻炼，心肺功能得到极大提高，身体素质得到增强。
2. 参加常规比赛，身体协调性、上下肢的爆发力、灵敏性得到明显的锻炼提高，大部分学生能体会乒乓球运动的乐趣。
3. 能够经常自主进行乒乓球运动，能养成终身体育锻炼的习惯。

 体育品德目标

1. 了解乒乓球发展史和我国乒乓球的荣誉史，增强民族自豪感。
2. 培养学生吃苦耐劳、为目标拼搏的精神。
3. 培养学生不屈不挠、勇于拼搏的精神，强化学生的心理素质，增强抗挫折能力。

思维导图

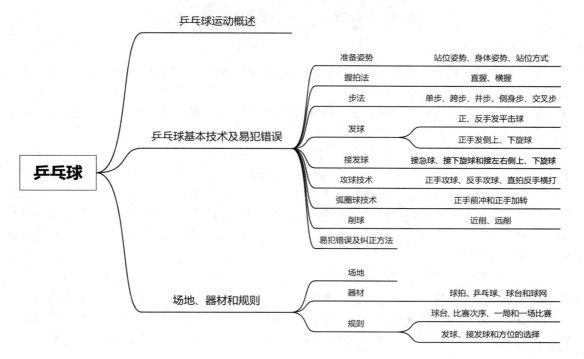

课前自学

第一节　乒乓球运动概述

　　乒乓球运动起源于英国，最初乒乓球只是一种轻量活动性游戏，球是富有弹性的材料制成，用木板作为拍子，像打网球一样在桌上推来挡去，所以将最原始形态的乒乓球命名为"桌上网球"（table tenis）。1890 年左右，球被改成用塑料制成的空心球。此后，乒乓球运动便逐步发展起来。1904 年，上海的一个商人将乒乓球器材从日本带回中国，并在店内作表演，于是买乒乓球、打乒乓球的人逐渐增多。从此，乒乓球运动就在我国生根发芽，蓬勃发展，乒乓球也成为我国的"国球"（图 7-1）。

图 7-1　乒乓球比赛

　　第一次大型乒乓球比赛于 1900 年在英国伦敦举行，参加比赛的有 300 多人。1903 年，英国人古德发明了胶皮球拍。国际乒乓球联合会（简称"国际乒联"）于 1926 年正式成立，并决定举办第一届世界乒乓球锦标赛（简称"世乒赛"）。20 世纪 50 年代初，奥地利人发明了海绵球拍，促进了乒乓球技术的发展。

　　1952 年，中国国家乒乓球队成立。1953 年，中国国家乒乓球队首次参加了世乒赛，此后中国国家乒乓球队又参加了多次世界性赛事。1959 年，容国团在第 25 届世乒赛上为中国夺得了世界体育比赛中的第一个世界冠军。1961 年，在北京举行的第 26 届世乒赛中，我国运动员第一次夺得了男子团体世界冠军，并同时夺得了男子单打（简称"男单"）和女子单打（简称"女单"）世界冠军。从此中国国家乒乓球队跻身于世界强队行列，并多次获得世界乒乓球大赛的各项冠军。

　　在 2000 年第 45 届世乒赛团体赛中，中国女子乒乓球队获得冠军。2003 年，第 47 届世乒赛在巴黎举行了单项赛，这是国际乒联将赛制改成 11 分制后的首届世乒赛，中国国家乒乓球队获得了 5 枚金牌中的 4 枚。中国国家乒乓球队在继 2008 年北京奥运会上包揽乒乓球比赛男单、女单、男团、女团 4 枚金牌之后，连续三届（2012 年、2016 年、2021 年）奥运会上包揽乒乓球比赛男单、女单、男团、女团 4 枚金牌。

第二节 乒乓球基本技术及易犯错误

一、准备姿势

（一）站位姿势

每次击球前必须集中全部注意力，判断清楚来球的落点、旋转和速度，迅速根据判断来进行移动，选择击球位置，实施击球动作，完成有效回击。在击球前保持较好的准备姿势非常重要。

（二）身体姿势

两脚开立大约与肩同宽，两膝微微弯曲，前脚掌着地，重心置于两脚之间，上体略微前倾、收腹，持拍手臂自然弯曲。直握拍的肘部略向外张，球拍放置于腹部右前方，手腕自然放松，拍头指向右斜前方；横握拍的肘部向下，前臂自然平举，手腕自然放松，拍头指向上方，非持拍手臂自然弯曲于身体左侧（图7-2）。

图 7-2 基本姿势

（三）站位方式

左脚稍前，右脚稍后，左脚位置处于球台左侧边线的延长线上。身体与球台距离约为40cm。

二、握拍法

（一）直握方法

在球拍的正面，拇指第一关节和食指第二关节扣住拍柄两侧，距离适中，拍柄压住虎口（图7-3）。

图 7-3　直握

（二）横握

横拍握拍方式一般分为浅握和深握两种，不同的握拍方式各有其优缺点（图 7-4）。

（1）浅握：以中指、无名指、小指自然地握住拍柄，拇指在球拍的正面轻贴在中指旁边，食指自然伸直斜放于球拍的背面，虎口轻微贴拍。

（2）深握：深握与浅握的握法基本相同，但需虎口紧贴球拍。

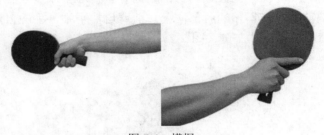

图 7-4　横握

三、步法

（一）单步

一侧脚做支撑，另一只脚向前后左右移动，身体重心随之落在移动的脚上。

（二）跨步

与来球同一方向的脚向外侧跨出一大步，另一只脚再跟着移动（图 7-5）。

图 7-5　跨步

（三）并步

移动时，与来球异方向的脚先向另一只脚并一步，然后与来球同方向的脚向来球的方向迈一步。

（四）侧身步

一种方法是左（右）脚先向左（右）跨一步，右（左）脚向左（右）后移动一步；另一种方法是两脚同时小跳步侧身。

（五）交叉步

与来球异方向的脚向来球方向移动一大步，并超过另一只脚，另一只脚随即向来球方向移动一步。

四、发球

（一）正手发平击球

击球前，站位在近台位，左脚稍前，身体重心在左脚上，左手持球，球拍置于右侧台面端线后上方。抛球引拍，拍面稍前倾，当球从高点下降时，击球的中上部，向左前方发力，球击出后第一落点在球台中央。击球后，手臂继续向左前方挥动，再迅速还原成准备姿势。

（二）反手发平击球

击球前，站位靠近球桌左角，右脚稍前或两脚平行站立。左手持球置于掌心并向上抛起，同时右臂外旋，使拍面稍前倾，并向身体左后方引拍。

（三）正手发侧上旋球

站位距离球台约 15cm，站在球台左角，左脚在前，右脚在后。当球从高点下降至接近网高时击球，前臂加速向左下方挥摆，直握拍者手腕稍弯曲，横握拍者手腕内收，腰部配合左转（图 7-6）。

图 7-6　正手发左侧上旋球

（四）正手发侧下旋球

侧下旋发球发动作方法大致与侧上旋发球动作相同，区别是：触球后球拍的摩擦方向不同。

五、接发球

（一）接急球

左方急球采取侧身回接，一般用反手推挡或反手攻回击。右方急球用正手快带、快攻借力回接。

（二）接下旋球

下旋球主要用搓球回接，也可以用拉攻或弧圈球回接。

（三）接左侧上、下旋球

以右手持拍接对方的正手发球为例。侧上旋球一般采用推或攻回接；回接时，拍面要前倾，拍面向左。侧下旋球一般采取搓球回接；回接时，拍面要后仰，拍面向左。

（四）接右侧上、下旋球

以右手持拍接对方的反手发球为例。回接的方法与接左侧上、下旋球相同，区别在于拍面朝向右侧。

六、攻球技术

（一）正手攻球

以横拍握拍为例，从准备姿势开始，右臂自然弯曲，右手持拍于腹前，身体重心偏于右脚。当来球反弹跳至上升期时，右臂肘关节先内收，然后以肘关节为轴，前臂加速向左前方发力并外旋，球拍稍前倾，击球的中上部。击球后迅速还原成准备姿势（图7-7）。

图 7-7　正手攻球

（二）反手攻球

以横拍握拍为例，从准备姿势开始，右臂自然弯曲，右手持拍于腹前，身体重心偏于左脚。当来球反弹跳至上升期时，右臂肘关节先内收，紧接着以肘关节为轴，前臂加速向右前方发力并外旋，球拍稍前倾，击球的中上部。击球后迅速还原成准备姿势（图7-8）。

（三）直拍反手横打

以直拍握拍为例，从准备姿势开始，右臂自然弯曲，右手持拍于腹前。上体稍左转，右臂向左后方引拍，拍面前倾。当来球反弹跳至上升期时，肘关节先内收，然后以肘关节为轴，前臂加速向右前方发力并外旋，以直拍反面击球的中上部。击球后迅速还原成准备姿势。

图 7-8　反手攻球

七、弧圈球技术

（一）正手前冲弧圈球

手臂的引拍要比加转弧圈球高一些，球拍与地面大约形成 80°夹角。当球从台面反弹跳起时，腿、腰、上臂、前臂依次进行动量传递，击球瞬间手腕向内向前略为转动，加速度达到最大，在上升后期或高点期摩擦球的中上部。

（二）正手加转弧圈球

左脚在前，右脚稍后，膝盖弯曲，重心放在右脚上。拍形略前倾，当来球从台面反弹跳起时，右脚蹬地，腰部向左上方转动，上臂带动前臂向左前上方加速挥动，击球瞬间，整个身体的动量传递到手腕，加速度达到最大（图 7-9）。

图 7-9　正手加转弧圈球

八、削球

（一）近削

1. 正手近削

两脚几乎与台平行站立，身体离台稍近。击球时，稍向右转，右脚拉后半步，手臂自然弯曲，引拍约与肩平，拍面稍向后仰，前臂用力向左前下方切削，手腕配合下压，一般在来球高点期摩擦球的中部或中下部，将球削出。

2. 反手近削

两脚开立，右脚稍前，两膝微屈，身体离台稍近并略向左转。手臂自然弯曲，向左上方引拍约与肩平，拍面稍向后仰。击球时，手臂迅速向右前下方挥动，以前臂和手腕制动为主，在来球高点期摩擦球的中部或中下部，将球削出。

（二）远削

1. 正手远削

两脚开立，右脚在后，身体离桌面 1m 以外，两膝弯曲，上体稍向右转重心支撑点在右脚上。手臂自然弯曲，引拍至右肩侧。击球时，手臂向左前下方挥动，拍面后仰，手腕在拍与球接触的一瞬间转动，在来球下降期摩擦球的中下部，将球削出。

2. 反手远削

两脚开立，右脚在前，两膝弯曲，身体重心支撑点在左脚上，引拍至左肩侧。击球时，上臂带动下臂挥动，拍面后仰，在来球下降期摩擦球中下部，将球削出。

九、乒乓球易犯错误及纠正方法

（一）攻球易犯错误和纠正方法

（1）击球时，由于上臂和肘关节抬得过高，因此发不出力，打斜线球困难。首先纠正引拍动作，手臂放松，肘关节自然垂下来，利用前臂向前迎击来球。

（2）拍面角度过于后仰，导致球出界。纠正击球部位和调整拍面角度及用力方向。

（3）反手攻球时上臂和肘关节前伸过大，发不出力，击出的球呈直线或侧旋。击球前上臂和肘关节自然靠近身体，击球时肘关节内收，前臂外展，只注意上肢发力，忽视腰、髋、腿的力量，球的力量不大，击球时加强腰、髋、腿的辅助发力。

（二）削球易犯错误和纠正方法

（1）引拍不够高，直接撞击，球速快，下旋不强，前臂上引，加大击球前的距离。

（2）拍面后仰不够，下旋力不强，下网多，调整拍面角度，加大拍面后仰角度。

（3）拍面过于后仰，出高球或出界，调整拍面角度，减小拍面后仰角度。

（4）击球后手臂立即停止不前，击球弧线不稳定，加强击球后随势挥拍的练习。

（5）击球点不准，击球点忽前忽后、忽左忽右，加强步法移动，每球步法到位。

第三节 场地、器材和规则

一、场地

乒乓球的比赛场地为长方形，长度不小于 14m，宽不小于 7m，天花板高度不得低于 5m。在正式的比赛中，场地周围不能有过于明亮的光源，场地为深色，避免影响运动员的视线。

二、器材

（一）球拍

球拍类型有正胶海绵拍、生胶海绵拍、反胶海绵拍、长胶海绵拍、防守型海绵拍。底板、胶皮和海绵三者的合理搭配决定了一块球拍的质量。球拍的大小、形状和重不限。但底板应平整、坚硬，底板厚度至少应有 85% 的天然木料。每层黏合不超过底板总厚度的 7.5% 或 0.35mm。

（二）乒乓球

乒乓球为圆形，呈白色或橙色，且无光泽，直径为 40mm（2000 年前为 38mm），重量级为 2.7g 的硬球，用赛璐珞材料制成。

（三）球台与球网

乒乓球台高 76cm、长 274cm、宽 152.5cm，颜色为墨绿色或蓝色。乒乓球网高 15.25cm、台外突出部分长 15.25cm，颜色与球台颜色相同。

三、规则

（一）球台

球台的上层表面叫作比赛台面，是与水平面平行的长方形。垂直的球网将比赛台面划分为两个相等的台区，各台区面积应是一个整体。双打时，一条 3mm 宽的白色中线将两侧台区划分为相等的两个"半区"。

（二）比赛次序

单打中，首先由发球员合法发球，再由接发球员合法还击，然后两者交替合法还击。在双打中，首先由发球员合法发球，再由接发球员合法还击，然后由发球员的同伴合法还击，再由接发球员的同伴合法还击，此后，运动员按此次序轮流合法还击。

（三）一局比赛和一场比赛

在正式的日常比赛中，一局比赛先得 11 分的一方为胜方。10 平后，先多得 2 分的一方为胜方。一场比赛由单数局组成。一场正式的比赛应该是连续进行的。

（四）发球、接发球和方位的选择

抽签决定发球与接发球权力。中签者可以选择先发球或先接发球。在获得每两分之后，接发球方即成为发球方，依此类推，直至该局比赛结束，或者直至双方比分都达到 10 分或实行轮换发球法，发球和接发次序仍然不变，但每人只能发一分球。

在双打的第一局比赛中，先发球方确定第一发球员，再由先接发球方确定第一接发员。在后面的各局比赛中，第一发球员确定后，第一接发球员应是前一局发球给他的运动员。在双打中，每次换发球时，前面的接发球员应成为发球员，前面的发球员的同伴应成为接发球员。

拓展阅读

中国乒乓球运动员风采：北京体育大学 2022 级硕士研究生马龙

马龙从 5 岁开始在辽宁鞍山学习乒乓球，2003 年进入国家队；2012 年，在乒乓球世界杯中获得第一个男子单打世界冠军。2014 年，马龙在亚洲杯上夺得了个人第 4 个亚洲杯冠军，被称"亚洲第一人"。2016 年 8 月，马龙获得里约奥运会乒乓球男单冠军。2017 年 1 月 15 日，获得 2016 年 CCTV 体坛风云人物最佳男运动员奖。2018 年 3 月夺得 2018 国际乒联巡回赛德国公开赛冠军，成为历史上首位五夺德国公开赛男单冠军的球员。2019 年 4 月，马龙战胜瑞典黑马法尔克，实现世乒赛三连冠。6 月夺得中国乒乓球公开赛男单冠军，这也是马龙收获的第 28 个公开赛单打冠军，独占历史第一。11 月，马龙当选中国乒乓球协会运动员委员会主任。2021 年 7 月，东京奥运会乒乓球男子单打决赛马龙夺得金牌。这次登顶赛后，马龙再次说到了他"不问终点，全力以赴"的初心。谦虚谨慎、追求完美的他即使在东京奥运会夺得两冠后还在"挑剔"："成绩肯定可以打 10 分了，但发挥不是每一场都很完美，不过关键场次都打得不错，所以对自己还是比较满意。"

如今回想起那段经历，马龙坦言："2015 年世乒赛夺冠给了我自信，对我之后各方面的提升都有很大的帮助。从一出道，外界和教练组以及我本人都期待能够早日成为大满贯选手，但在没有达到的时候会觉得痛苦和纠结。"他还说"有人（成功）是爆发式的，有人是细水长流"，很显然，他属于后者。好在厚积薄发的马龙开创了属于自己的时代，更创造了书写了标记为"马龙"的传奇故事。

课后提升

1. 不同发展时期，器材、规则对乒乓球运动产生了怎样的影响？
2. 乒乓球运动技战术演变特征有哪些？
3. 以某位运动员为例，分析其技战术特点。

第八章　迷你网球

 运动能力目标

1. 了解迷你网球的起源、发展、特点以及锻炼价值。
2. 掌握迷你网球的基本技术、竞赛规则与裁判方法，能够自我锻炼并提高技术水平。

 健康行为目标

1. 通过迷你网球学习和锻炼，心肺功能得到极大提高，身体素质得到增强。
2. 养成良好的行为习惯，形成健康的生活方式。
3. 经常参加迷你网球比赛，身体协调性、上下肢的爆发力、灵敏性得到明显提高，大部分学生能体会迷你网球运动的乐趣。

 体育品德目标

1. 培养学生顽强拼搏、吃苦耐劳、锐意进取的体育精神。
2. 培养学生团结协作的精神，提升学生的心理素质，提高学生的抗挫折能力。
3. 提高组织协调能力，培养学生遵守规则的意识，养成良好的体育道德品质。

思维导图

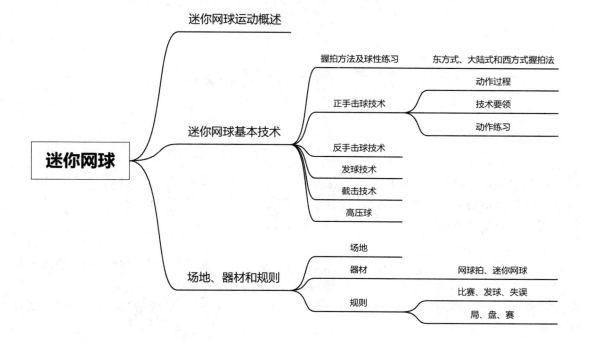

课前自学

第一节　迷你网球运动概述

　　20 世纪以来，网球运动在世界范围内受到了广泛关注。追溯网球运动的起源，普遍认为最早孕育在 12～13 世纪的法国，由传教士在教堂回廊里面用手掌击打球的一种游戏活动；14 世纪中叶，这种球类游戏传到了英国，并在英国发展壮大，是贵族上层休闲娱乐的一种活动方式，故有"贵族运动"的美称。19 世纪以来，网球运动的普及和形成高潮在美国。与此同时，短式网球，也叫"迷你网球"（Mini Tennis）诞生了。这项运动起源于 20 世纪 70 代后期的瑞典，之后在欧美各国流行甚广。1990 年，国际草地网球协会正式认可并接纳这项运动为发展规划项目。1995 年，国际网球联合会正式决定并颁发了迷你网球推广计划（图 8-1）。

图 8-1　迷你网球

第二节　迷你网球基本技术

一、握拍方法及球性练习

（一）握拍方法

　　网球的握拍方法有三种，即东方式握拍法、大陆式握拍法和西方式握拍法。正确的握拍方法实际就是适合自己的握拍方法，需要学习者在实践中断去体会和改变，最后形成适合自己的握法。下面介绍几种不同击球动作的握拍方法。

　　1. 东方式握拍法

　　（1）正手握拍法。东方式正手握拍法俗称"握手式"握拍法。握拍时，先将拍面垂直于地面，右手与拍柄右上斜面紧贴，拇指与食指形成 V 字形，虎口对准拍柄右上斜面，拇指环绕拍柄与中指接触，手掌与食指下关节压住拍柄的右垂直面，食指稍离中指，拍柄底部与手掌根部齐平。

（2）反手握拍法。东方式反手握拍在正手握拍的基础上向左转动 1/4，即虎口对准拍柄左上斜面，拇指末节贴在左下斜面上，食指下关节压在右上斜面上。

2. 大陆式握拍法

大陆式握拍法是把 V 字形虎口对准拍柄的上平面与左上斜面的交界线上，手掌根部贴住上平面，拇指伸直围绕拍柄，食指下关节紧贴在右上斜面上。

3. 西方式握拍法

将球拍放在地面上，右手掌根贴着拍柄右下斜面，V 字形虎口对准拍柄的右垂直面，正反手用同一拍面击球。

（二）球性练习

要想打好网球，需要有良好的球性和正确的技术，球性练习对于网球学习很重要。球性练习最简单的动作是拍球和颠球。无论是采取站姿、坐姿，还是在移动、转动、传球中，都可以进行球性练习。

二、正手击球技术

（一）动作过程

准备姿势（1）—移动并引拍（2）—击球（3）—移动并球拍随挥（4）—还原（1）（图 8-2）。

|　（1）　　　　　　（2）　　　　　　（3）　　　　　　（4）|

图 8-2　正手击球

（二）技术要领

（1）移动和引拍同时进行，最后一步保持左脚在前，左肩对着来球的方向。

（2）手臂略微弯曲，手腕向外伸并固定。

（3）发力时，蹬脚转体同时挥拍，身体重心移至左脚。

（4）击球点在身体右侧前方不超过腰的高度。击球时，前臂向头部左侧收。

（5）球拍挥到身体的左侧前上方，左手在左耳附近扶拍，之后迅速还原。

（6）击完球后身体的正面、右臂肘关节对着击球方向，左手扶拍。

（三）正手击球练习

（1）挥拍与发力练习：原地完整动作的挥拍练习、双人配合发力动作练习。

（2）固定击球点练习：原地双人配合喂球，击打正面原地球。

（3）击打移动球练习：双人配合喂移动球，击打正面过来的移动球。

（4）一般对打练习：双人配合半场对打，逐步进行全场对打练习。

三、反手击球技术

（一）动作过程

准备姿势（1）—移动并引拍（2）—击球（3）—移动并球拍随挥（4）—还原（1）（如图8-3）。

（1）　　　　　　（2）　　　　　　　　（3）　　　　　　　（4）

图 8-3　反手击球

（二）技术要领

（1）移动和引拍同时进行，最后一步保持右脚在前、右肩对着来球的方向。

（2）手臂略微弯曲，手腕向内收并固定。

（3）发力时，蹬脚、转体同时挥拍，身体重心移至右脚。

（4）击球点在身体右侧前方不超过腰的高度。击球时，左前臂向头部右侧收。

（三）反手击球练习

（1）挥拍与发力练习：单人原地完整动作的挥拍练习、双人配合发力动作练习。

（2）固定击球点练习：原地双人配合进行喂球，击打正面原地球。

（3）击打移动球练习：双人配合喂移动球，击打正面过来的移动球。

（4）一般对打练习：双人配合半场对打，逐步进行全场对打练习。

四、发球技术

（一）动作过程

准备姿势（1）—抛球引拍（2）—准备击球（3）—击球（4）—还原成准备姿势（1）（图8-4）。

（二）技术要领

（1）左手持球并扶着拍颈，在抛球过程中不要太用力地去握球，手心不要接触球，应该是用手指托着球。

（2）无论是在左区发球还是在右区发球，左脚的脚尖都应对着右侧网柱。

（3）在抛球引拍过程中，左手的向上抛球和右手的向上摆动应同时进行。

（4）在准备击球过程中，做"挠背"动作时，肘要高于手，手腕应向内弯曲。

（5）击球时，拍面触球的右侧，击球后球拍应挥至自己的左腿侧面。

| （1） | （2） | （3） | （4） |

图 8-4　发球

（三）发球练习

（1）抛球练习：左手持球，身体成发球准备姿势，向上抛球，待球落地后接住球，反复进行此练习。

（2）无球的抛球引拍、准备击球练习：准备姿势、抛球引拍、准备击球，反复练习。

（3）击球点练习：在自己头顶前上方击球点位置固定一球，反复由准备击球开始伸臂击球，眼睛注视球，反复体会击球点位置，也可面对场地边网进行练习。

（4）击球练习：站位于发球线向对面发球区击球，左手抛球待球下落至击球点，右手持拍从准备击球开始击球过网。

（5）完整动作练习：身体站位同动作（4），要求用徒手的完整动作和有球的完整动作交替进行。

五、截击技术

（一）动作过程

准备姿势（1）—击球准备（2）—击球（3）—击球后动作（图 8-5）。

（二）技术要领

（1）正手、反手截击技术都采用大陆式握拍。

（2）在网前眼睛要盯着球，注意力要非常集中。

（3）快速移动，站位要尽量靠前。

（4）拉拍时速度要快，幅度要小，球拍不应超过身体的平面。

（5）击球时手腕固定，握紧球拍，用身体控制球拍发力，手臂进行微调。

（三）截击练习

（1）无球的动作练习：面对场地边护网，在击球点固定一球，做完整的击球动作。球拍拍框触网时，调整拍面的角度，通过拍面要看到球在拍面的中央。

（1）   （2）   （3）

图 8-5   截击

（2）练习者在网前做好正手或反手击球准备动作，喂球者在对面底线处送球到练习者击球点位置，供练习者进行截击练习。

（3）练习者在网前做好截击准备，喂球者在对面底线处送球到练习者的正手或反手击球点位置，供练习者进行截击练习。

六、高压球

（一）动作过程

判断并移动（1）—准备击球（2）—击球（3）—击球后动作（4）（图 8-6）。

（1）   （2）   （3）   （4）

图 8-6   高压球

（二）技术要领

（1）判断球的落点，迅速侧身拉拍。

（2）使用拖曳步或交叉步，将身体移动到来球的下方。

（3）拉拍时速度要快，幅度要小，身体侧转，左手要指着空中的球。

（4）球拍整体要高过肩部，击球时做"挠背"动作。

（5）击球时，身体重心前移，手腕向上伸，握紧球拍，击球点在头顶前上方。

（三）高压球练习

（1）无球的动作练习：面对场地边护网，在击球点固定一球，做完整的击球动作。球拍拍框触网时，调整拍面的角度，通过拍面能看到球在拍面的中央。

（2）对墙击球练习：对墙 6～7m，将球由头顶上方击出，使球落地后经墙面反弹向上，下落至头顶上方时击出球，如此反复进行。

（3）网前练习：对手在对面底线处向网前放高球，练习者在网前进行高压球练习。

第三节　场地、器材和规则

一、场地

迷你网球使用的场地是标准网球场地的 1/3（含球场侧后应留的空地）。长度为 10.97m，宽度为 5.485m。用球网将全场横隔为二等区，网柱高 0.85m，网长不短于 6m，网中央高 0.8m。场地面质不限，可以使用沙土、沥青、木板、塑胶等，地表平整即可（图 8-7）。

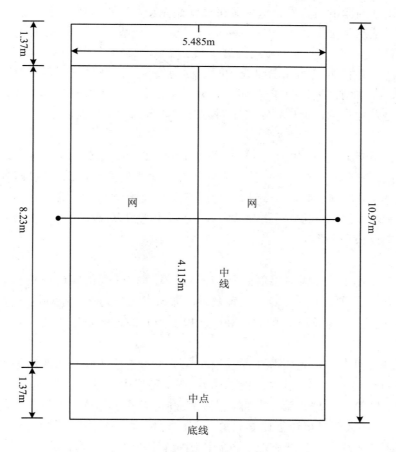

图 8-7　迷你网球场地

二、器材

（一）网球拍

迷你网球的球拍与正规网球球拍形状和结构一样，但轻且小。

（二）迷你网球

迷你网球由海绵、羊毛、橡胶等材质制成，重量轻，没有气压，移动速度慢，弹跳高度低，适合初学者使用。

三、规则

（一）比赛

迷你网球比赛分为单打和双打两种形式。球员用球拍将球击过网，落入对方的网球场地上。每位球员的目的都是尽力将球打到对方的场地上去。这样一来一回，直到有一方将球打出界或没接到球为止。

（二）发球

在迷你网球正式比赛前，需要确定比赛由谁先发球。在整个比赛中，双方球员轮流发球。发球员在发球前应先站在端线后、中点和边线的假定延长线之间的区域内。发出的球应从网上越过，落在对角的对方发球区内。每局开始先从右区端线后发球，得或失 1 分后，应换到左区发球，依次类推。

（三）失误

球落在对方发球区外，如球出线或触网，称为失误，发球员就要再次发球。落在边界上的球算在线内。发球两次失误叫作"双误"，对手赢 1 分。发球员在发球时脚离开了原基线，也算失误。要是发球触网，但球仍落进了对方的发球区，则为重发球。

（四）局

网球每局的开始比分是 0：0，第 1 分球记为 15。若发球员赢了这分球，比分就变为 15：0；若接球员赢了这分球，比分就变为 0：15（比号前面给出的是发球员的分数）。球员的第 2 分球为 30，接下来为 40。若对方球员只有 30 或还少于 30，那么己方下一个球就能赢了这 1 局。每局比赛中，至少要比对手多 2 分球才能结束该局比赛。如果双方球员都达到 40，此时称为"局末平分"。

（五）盘

在迷你网球比赛中，如果对手落后至少 2 局，先赢得 6 局的球员就赢了 1 盘。若这盘是 6：5，那么双方就要再打 1 局。若占先者赢了，即该盘比分为 7：5，判占先者赢得此盘。若另一个球员把这盘扳平为 6：6，就由决胜局（抢七局）决定谁为胜者。

（六）赛

在迷你网球 3 盘赛中，先赢得 2 盘者为胜者，即为 3 盘 2 胜；在 5 盘赛中，先赢得 3 盘者为胜者，即为 5 盘 3 胜。决胜局（抢 7 局）：在决胜局中，以本该轮到发球的球员先发第 1 分球，对手接着发第 2 分球、第 3 分球，然后双方轮流发 2 分球。先得 7 分的球员若至少领先了对方 2 分，那么他赢得该盘比赛。每 6 分球和决胜局结束都要交换场地，不过也有例外。如果按照事先的约定，比赛采取长盘制，则没有决胜局，只有比对方多胜 2 局才能赢得该盘比赛。

拓展阅读

网球人物——李娜

在世界网球史上，也许大家对各个国家的网球明星的了解不是很多，但大家一定听说过李娜，这位来自中国的网球巨星，首位夺得网球大满贯的亚洲人，曾在世界网球史上留下了浓墨重彩的一笔，是亚洲人的骄傲，更是中国人的骄傲！

李娜，出生于 1982 年 2 月 26 日，湖北省武汉人，毕业于华中科技大学新闻专业，前中国女子网球运动员。6 岁开始练习网球，1999 年转为职业选手。2008 年北京奥运会上，李娜获得女子网球单打第四名。2011 年，李娜在澳大利亚网球公开赛上第一次打进大满贯单打决赛并夺得亚军；同年，在法国网球公开赛女单比赛中荣获冠军。2014 年 1 月，澳大利亚网球公开赛获女单冠军。同年 9 月正式退役。在 2019 年 1 月 21 日，李娜成为首个正式入选名人堂的亚洲球员，7 月 20 日，李娜的正式入堂仪式举行，2020 年 8 月 1 日，中国网球巡回赛开拍，李娜担任形象大使。

在李娜的职业生涯中，她一路披荆斩棘，虽然遭遇过挫折，但同样也在逆境中不断向前，最终成就了现在的李娜。在世界网球史上，李娜是作为难以超越的存在，难以超越的不仅仅是在球技及成绩上，还有她的人品，人格魅力以及在国际网坛的亲和力。她是中国网球历史上的里程碑，是亚洲的榜样和先锋，而这经典更是不可超越。

课后提升

1. 简述迷你网球运动的起源和发展。
2. 简述迷你网球运动的基本技术。
3. 简述迷你网球运动的主要规则。

第九章 极 限 飞 盘

 运动能力目标

1. 学习极限飞盘的理论知识、技术技巧和比赛规则。
2. 培养学生进行日常极限飞盘运动的能力。

 健康行为目标

1. 能在日常极限飞盘运动锻炼和比赛过程中提升身体素质，提高运动技能。
2. 通过课内外活动结合，提升学生对飞盘的兴趣，形成坚持锻炼的习惯。

 **体育品德目标**

1. 培养开放、诚信、团队、合作的飞盘精神，并把飞盘精神运用于运动和生活。
2. 运动中潜移默化地理解和学习优良品德，并在生活学习中体现，有助于学生完善人格，促进心理健康心理。

思维导图

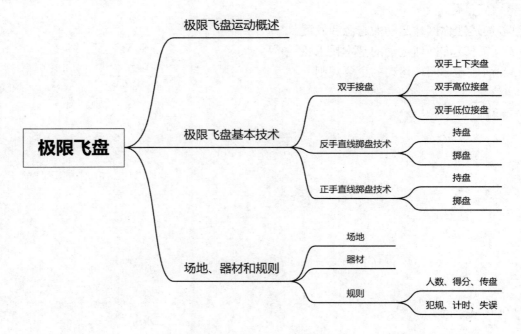

课前自学

第一节　极限飞盘运动概述

极限飞盘运动是 21 世纪新兴的体育运动项目，是世界运动会项目之一，它追求"尊重、理解、服从"的极限飞盘精神，飞盘不仅综合了足球运动的战术、橄榄球的得分，还综合运用了篮球运动的脚步移动技术，是一项集时尚性、娱乐性、竞技性于一身的有氧健身运动。

极限飞盘不仅含有跑、跳、投的运动特点，还可以培养大学生的运动兴趣，提高身体素质和思维能力，蕴含着独特的体育价值，被誉为21世纪"人类发明的最伟大的运动"之一，备受当代新潮年轻人推崇和各个年龄阶段人群的喜爱。

极限飞盘运动的竞技性、社交性、潮流性、趣味性是这项运动能迅速流行开来的原因，越来越多的人开始参与极限飞盘的练习，飞盘已成为后疫情时代都市青年闲暇锻炼的"新宠"项目。

第二节　极限飞盘基本技术

极限飞盘运动的基本技术主要由双手接盘、反手掷直线盘、正手掷直线盘三大技术组成。本节通过基本入门技术的介绍，为后期的进阶性训练打下基础。

一、双手接盘

（一）双手上下夹盘

（1）双手上下夹盘是初学者应该最先掌握的接盘动作，一般在飞盘飞向接盘人腰部以上、肩膀以下位置时采用这种接盘方法。

（2）双手上下夹盘要求接盘人双手平行，掌心相对，五指尽量张开来扩大接盘面积。传盘的惯用手放在上面，用以方便在接盘后快速转换成传盘动作。

（3）接盘过程中，眼神要始终注视飞盘，注意力集中，调整身体姿势使胸部和飞盘垂直，接住飞盘后将飞盘往怀里带，进行缓冲保护（图9-1）。

图 9-1　双手上下夹盘

（二）双手高位接盘

（1）当飞盘高于肩膀时，可采用双手高位握接飞盘，手臂尽可能地向前伸展，迎向飞行中的飞盘，飞盘高于肩膀时，手掌向下，拇指在飞盘底部。

（2）当双手碰触到飞盘时，双手用力握住飞盘两侧，先保证将飞盘控制在手中，再考虑下一步的传盘动作（图9-2）。

图9-2　双手高位握接飞盘

（三）双手低位接盘

（1）在飞盘低于腰部时，可采用双手低位握接，手臂尽可能地向前伸展，迎向飞行中的飞盘，手掌向上，拇指在飞盘顶部。

（2）当双手碰触到飞盘时，双手用力握住飞盘两侧，先保证将飞盘控制在手中，再考虑下一步的传盘动作（图9-3）。

图9-3　双手低位接盘

二、反手直线掷盘技术

（一）持盘

大拇指紧扣飞盘的正面凸起的防滑纹路上并向下压，其余四指扣紧飞盘的边缘，并要求食指顺着盘缘第一关节刚好与飞盘的边缘卡在一起，另三指的第二关节置于盘沟。

图 9-4 反手持盘

（二）掷盘

（1）手腕微弯，保持飞盘和前臂在一个水平面上，握盘手同侧的腿向斜前方迈出，身体略微侧迈腿方向，重心保持在身体中轴线，放低重心，保持身体稳定，用连贯动作将飞盘向目标掷出。

（2）掷出飞盘时，手腕旋转发力，使飞盘旋转起来，在胸口正对目标时将飞盘掷出，手臂直线助摆增加前进动力，尽量保持低位出手，用臀部的力量来将飞盘掷得更远。

（3）抖腕完成后掌心向下，指向目标方向，手臂不要超过肩部与身体处于一个平面（图 9-5、图 9-6）。

图 9-5 反手直线掷盘技术 1

图 9-6 反手直线掷盘技术 2

三、正手直线掷盘技术

（一）持盘

食指中指并拢，紧贴在飞盘的内侧边沿，无名指与小指并拢紧贴于飞盘外侧，大拇指紧扣飞盘的正面凸起的防滑纹路上并向下压（图9-7）。

图9-7 正手持盘

（二）掷盘

正手直线掷盘技术要领如下：

（1）用手腕和前臂的甩动来发力。

（2）保持身体平衡，同时将重心控制在身体中轴线上，降低重心。

（3）握盘手同侧的腿向身体侧面迈出。

（4）出手时保持飞盘外侧略微向下倾斜，可以使飞盘飞行更加平稳。

（5）手肘靠近身体，肩膀略微下沉。

（6）从短距离的传盘开始练习，逐渐拉长距离。

（7）减少手臂动作，用核心力量来发力。

第三节 场地、器材和规则

一、场地

飞盘标准场地为 100m×37m 的长方形区域，中间为比赛区，两边各有长 18m 的得分区（图9-8）。

二、器材

传统造型的飞盘依重量可分为小型盘、中型盘、大型盘。小型盘重量为 80～105g，主要针对新手、儿童、基本投掷、教学游戏、比赛。中型盘重量为 110～140g，密度的控制是此型飞盘的核心，用于比赛、初高中生投掷训练、花式传接，适合专业爱好者使用。大型盘重量为 150～200g，主要用于团队飞盘及自由花式。各型飞盘都各有其尺寸与重量的匹配，即重量/直径，又称密度，其中原料的弹性也是飞盘品质的关键因素。

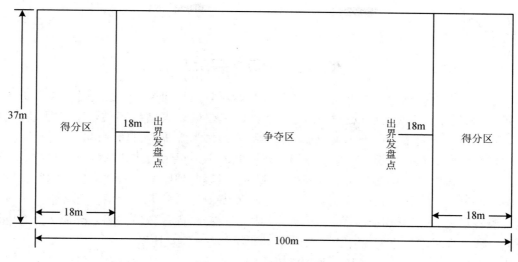

图 9-8　飞盘运动的场地

三、规则

（一）人数

比赛双方各 7 人，新手局也可 5～6 人一组，每局比赛开始，双方选手在各自半场的得分区排队，然后由防守方把飞盘开盘传给进攻方，进攻方可接住飞盘或等飞盘落地，在第一落点发起进攻。飞盘开盘后防守方即可向前开始防守。

（二）得分

进攻方传接盘给队友，直到队友在得分区内接到盘，得 1 分。得分之后双方交换场地，由得分方发盘。

（三）传盘

进攻方持飞盘的选手不能移动，但可以单脚旋转。持飞盘的选手可以在场地的任何方向把飞盘传给队友。只有一个防守队员可以盯着持盘者并要保持 1m 的距离，其他防守队员要距离持盘者 3m。

（四）犯规

双方选手发生身体接触时，视为犯规，被犯规的选手应该立即大喊"犯规（Foul）"。此时，所有场上选手要停在当前位置，不得移动，直到比赛重新开始。①犯规没有影响进攻方盘权，比赛继续；②影响了进攻方盘权，飞盘交还给进攻方；③防守方选手不同意犯规，飞盘还给前一位持盘者。

（五）计时

进攻方选手有 10 秒的时间传飞盘，盯着持盘选手的防守方要大声数出 10 个数字。如果持盘者在 10 秒内未能传递飞盘，则属于进攻失误。

（六）失误

进攻方传盘失误（飞盘出界、触地、被防守方接住或超时），视为进攻失误，这时候攻防转换。

拓展阅读

飞盘的种类和竞赛项目

飞盘主要有一般飞盘、回收飞盘、高尔夫盘、玩具飞盘四种。一般飞盘又称传统飞盘，即传统造型的飞盘。依大小重量可分为小型盘、中型盘、大型盘三类，小型盘重量 80～105g，适合新手、儿童，用于基本投掷、教学游戏；中型盘重量 110～140g，用于比赛、初高中生投掷训练、花式传接；大型盘重量 150～200g，主要用于团队飞盘及自由花式，根据其特性，用于掷准赛、掷接赛、勇气赛、团队飞盘赛等各项比赛。回收飞盘俗称狗飞盘，重量 90～140g，主要用于回收计时的投、跑、接等训练比赛。高尔夫盘盘身直径小，重量重，密度高且穿透力强，主要用于掷准、掷远、越野赛、高尔夫等各项比赛。玩具飞盘主要是指由不同原料制成或造型不同的各式飞盘，适用于各类趣味飞盘比赛。

飞盘运动器械简易，在多类场所都可以进行飞盘运动且普适度较高，经过多年发展，飞盘运动员们发明创造出了多样的竞赛形式，目前已衍生出十余种，可满足各类人群的运动需求和比赛需求，普及度较高的飞盘比赛有极限飞盘、掷准飞盘、掷远飞盘、高尔夫赛、双飞盘赛、回收计时赛、投跑接赛、花式飞盘、飞盘勇气赛、飞盘越野赛等。

课后提升

1. 极限飞盘的基本技术有哪些？
2. 极限飞盘基本技术的易错点有哪些？
3. 中国飞盘运动主要有哪些群体？

第三部分　民族体育项目

第十章 太 极 拳

 运动能力目标

1. 了解太极拳的起源、发展、特点以及锻炼价值。
2. 掌握太极拳的基本技术、竞赛规则与裁判方法，能够自我锻炼并提高技术水平。

 健康行为目标

1. 能够自主制定锻炼计划，具有一定的太极拳鉴赏能力。
2. 运用太极拳调节负面情绪，在运动中体验太极拳运动的乐趣和成就感。

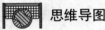 **体育品德目标**

1. 学习太极拳起源与发展，培养学生的民族情怀和民族认同感，发展学生的组织能力协调沟通能力，表现出良好的体育道德和合作精神。
2. 培养学生顽强拼搏、吃苦耐劳、锐意进取、团结协作的体育精神，增强学生遵守规则的意识。

思维导图

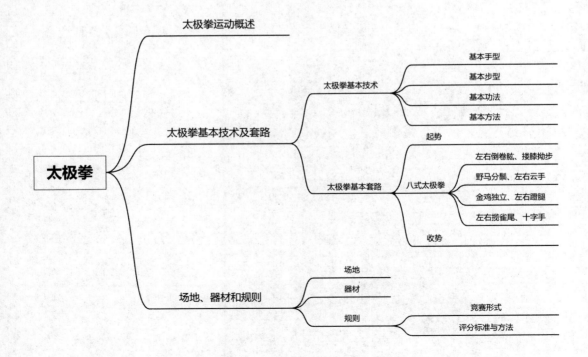

课前自学

第一节　太极拳运动概述

太极拳是传统的中国拳术之一，在发源早期曾被称为"十三势""棉拳""软手"等，是综合了历代各家拳法，而形成的一种内外兼修、柔和、轻灵的拳术，与形意拳、八卦掌合称三大内家拳术（图10-1）。

图 10-1　太极拳

太极拳的起源，众说纷纭，大致有陈王庭创拳论、张三丰创拳说、王宗岳创拳说等几种不同的说法。

1. 陈王庭创拳论

持此观点者认为，太极拳为明末清初陈王庭所编创，主要依据为陈王庭遗诗中有："闲来时造拳，忙来时耕田。趁余闲，教下些弟子儿孙，成龙成虎任方便……"，作为陈王庭编创太极拳的理论依据；另有《陈氏家谱》记载，陈王庭为"陈氏拳手刀枪创始之人也。"由于广为流传的几大类太极拳，如杨氏太极拳、孙氏太极拳、武氏太极拳和吴氏太极拳，都与陈式太极拳，有着深厚渊源关系，所以此观点在太极拳渊源论中权威性较高。

2. 张三丰创拳说

太极拳是在中国古典哲学（道家）指导下的肢体运动，并有较为完整的"太极理论"。在杨澄甫所著《太极拳体用全书》有这样的记载："先大父更诏之曰，太极拳创自宋末张三丰，传之者，为王宗岳、陈州同、张松溪、蒋发诸人相承不绝。"更早有李亦畬《太极拳小序》也讲："太极拳始自宋张三丰"，亦有较多学者赞同此说法。

3. 王宗岳创拳说

"太极拳"最早记载于王宗岳所著作的《太极拳论》，其首次运用易学原理来阐述拳理，其在中国太极拳史上有不可替代的重要地位，也为历代拳家所公认。《太极拳论》可以称作太极拳理论研究的巅峰。根据此书，后人认为王宗岳总结前人经验，始创太极拳，而后传入陈家沟。

其他观点还有如武当山创拳说；唐代李道之创拳说；戚继光创拳说；南北朝韩拱创拳说等等，这些说法大都各有出处，或拳法名称相似，或拳理相同。

对于太极拳起源问题的研究，有助于人们更好地了解武术，走进太极拳，起源论中各论点都有其依据，但也缺乏证据证明，这就需要我们广大科研人员以科学、求实的态度去探讨拳法源流。

据史书记载，明末清初太极拳在陈家沟得以创编，至今已有三百多年的历史。直到 1820 年前后，陈氏第十四代传人将拳法传接给到杨露禅，太极拳才被发扬光大，逐渐被世人知晓。从 20 世纪 50 年代开始，为提高人民业余文化水平、增强全民体质，原国家体委武术处决定以流传较广的杨式太极拳为基础，组织有关专家创编了简单易学的 24 式杨式太极拳，20 世纪 70 年代末为进一步推广太极拳，创编了太极拳竞赛套路《48 式太极拳》。20 世纪 80 年代又推出陈、杨、孙、武、吴式太极拳竞赛套路。太极拳在增进人们健康水平，加强各国人民友好往来中，发挥了越来越重要的作用。

第二节　太极拳基本技术及套路

一、太极拳基本技术

（一）基本手型

太极拳的手型主要由拳、掌、勾三种构成。

1. 拳

五指卷屈、自然握拢，拇指压于食指、中指第二指节上，出拳时要螺旋发出，拳有平拳、立拳、勾拳三种，拳心向下为平拳，拳心向侧为立拳，拳心向上为勾拳（图 10-2）。

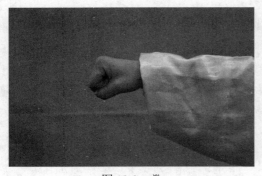
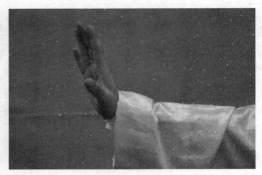

图 10-2　拳　　　　　　　　　　　　　　　　图 10-3　掌

2. 掌

五指微屈分开，掌心微含，虎口成弧形，五指自然伸展，小指与拇指有内合之意，成瓦拢状，用掌时以中指统领四指，用意不用力（图 10-3）。

3. 勾

五指自然弯曲相合，四指与拇指相包，成梅花状，勾尖向下（图 10-4）。

（二）基本步型

1. 弓步

前腿屈膝，大腿斜向地面，膝与脚尖尖基本垂直，脚尖直向前；后腿自然伸直，后脚尖斜向前约 45°，两脚全脚着地（图 10-5）。

2. 马步

两脚左右开立，约为脚长的三倍；脚尖正对前方、屈膝半蹲（图 10-6）。

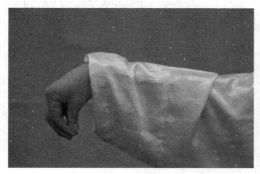

图 10-4 勾

图 10-5 弓步

3. 仆步

一侧腿完成全蹲，全脚掌着地，脚尖稍外展；另一腿自然伸直于体侧，接近地面（图 10-7）。

图 10-6 马步

图 10-7 仆步

4. 虚步

后腿屈蹲，大腿斜向地面，脚跟与臀部基本垂直，脚尖斜向前，全脚着地；前腿稍屈，用前脚掌、脚跟或全脚着地（如图 10-8）。

5. 独立步

支撑腿微屈站稳，另一腿屈膝提起，举于体前，大腿高于水平（图 10-9）。

6. 丁步（点步）

一腿屈蹲，全脚着地，另一腿屈收，脚停于支撑脚内侧或侧前、侧后约 10cm 处，前脚掌虚点地面（图 10-10）。

图 10-8 虚步

图 10-9 独立步

图 10-10 丁步（点步）

（三）基本功法

1. 无极桩

无极桩是太极拳最重要的基本功之一，被历代拳家认为是太极拳的基石。拳理说："太极者，无极而生也。"练习无极桩时整体保持放松状态，意念形合一，阴阳平衡和谐，无形无象。要求两脚平行分开，与肩同宽，身体自然站立，脊柱松直，头微上顶，下颌内收，两臂自然下垂于体两侧，掌心向内，掌指向下，口轻闭，舌抵上腭，双目微闭（图 10-11）。

2. 开合桩

站平行步（同"太极桩"），两腿自然伸直，从太极桩动作开始，两手五指指尖相对，徐徐向外拉开，使两臂与胸部连成大弧形，如抱大球状，目视前方。然后，两腿缓缓屈膝半蹲，重心均落两腿之间，同时两掌向内相合，与头同宽，掌心相对，指尖朝前，目视两掌中间（图 10-12）。

图 10-11 无极桩

图 10-12 开合桩

3. 升降桩（或称起落桩）

站平行步（同"太极桩"），两腿自然伸直。"升"时两臂慢慢向前平举，与肩同高、同宽，自然伸直，肘微下垂，手心向下，指尖向前。"降"时两腿缓缓屈膝半蹲，两掌同时下按至与腹部同高，两掌与两膝、两脚均相对。目随手而动（图10-13、图10-14）。

图10-13 升桩

图10-14 降桩

4. 虚实桩

开步站立，重心慢慢移向右腿，身体微向左转，左脚跟提起，两手向左上方慢慢提起，左脚左前伸，脚跟着地成虚步，两手前后合抱于体左前方。

左脚轻轻收回，重心慢慢移向左腿，身体微向右转，右脚跟提起，两手下落两胯旁，然后向右上方慢慢提起；右脚右前伸，脚跟着地成虚步，两手前后合抱于体右前方。右脚收回，由此反复做若干次（图10-15）。

图10-15 虚实桩

（四）基本方法

1. 掤

手臂成流畅自然的弧形，前臂由下向前掤架，横于身体前方，掌心向内，高与肩平（图10-16、图10-17）。

2. 捋

两侧手臂皆稍微屈曲，掌心斜相对，两掌随着腰部的转动，由前向后划弧，再捋至身体侧面或身体后侧（图10-18、图10-19）。

图 10-16 掤法 1

图 10-17 掤法 2

图 10-18 捋法 1

图 10-19 捋法 2

3. 挤

后手贴近前手的前臂内侧，两臂同时向前挤出；挤出后两臂撑圆，高不过肩，低不过胸（图 10-20、图 10-21）。

图 10-20 挤法 1

图 10-21 挤法 2

4. 按

两手掌同时由后向前推按；手腕高不过肩，低不过胸，掌心向前，指尖朝上；臂微屈（图 10-22）。

5. 采

用手采执对方指、腕、肘、肩等活动关节，以控制对方之法（图 10-23、图 10-24）。

图 10-22　按法

图 10-23　采法 1

图 10-24　采法 2

6. 挒

扭转对方腕、肘、肩等活动关节的技法，或以手背横击之法（图 10-25、图 10-26）。

图 10-25　挒法 1

图 10-26　挒法 2

7. 肘

以肘部前击或用肘部化引的技法（图 10-27、图 10-28）。

8. 靠

即以肩、背进击和发放的技法，掌由前向斜下捋带（图 10-29、图 10-30）。

图 10-27　肘法 1

图 10-28　肘法 2

图 10-29　靠法 1

图 10-30　靠法 2

二、太极拳基本套路

（一）起势

（1）身体姿势：自然站立，两脚向左开立，与肩同宽；两臂自然下垂，两手松垂于大腿外侧；双眼平视前方，配合呼吸，两臂慢慢向前抬起至与肩齐高，手心向下（图 10-31、图 10-32）。

图 10-31　双脚并立

图 10-32　开步

（2）上身保持正直，两腿屈膝下蹲；同时两掌轻轻下鞍，两肘下垂与两膝相对；平视前方（图 10-33、图 10-34）。

图 10-33 起手

图 10-34 屈膝按掌

（二）八式太极拳

1. 左右倒卷肱

（1）上体向右微微转动，右手翻掌（手心向上）经腹前由下向后上方划弧平举，臂微屈，左手随即翻掌向上；眼的视线随着向右转体先向右看，再转向前方看左手（图 10-35）。

（2）右臂屈肘折向前，右手由耳侧向前推出，手心向前，左臂屈肘后撤，手心向上，撤至左肋外侧；上体微向左转，同时左手随转体向后上方划弧平举，手心向上，右手随即翻掌，掌心向上；眼随转体先向左看，再转向前方看右手（图 10-36）。

图 10-35 第一式：倒卷肱 1

图 10-36 第一式：倒卷肱 2

（3）左右倒卷肱同解，只是左右方向相反（图 10-37、图 10-38）。

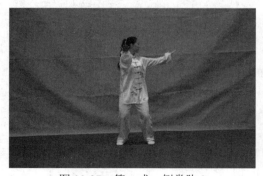

图 10-37 第一式：倒卷肱 3

图 10-38 第一式：倒卷肱 4

2. 搂膝拗步

（1）右手从身体前方下落，右下向后上方划至右肩外，手与耳朵高度相同，手心朝斜上；左手由左下向上、向右走弧形路线至右胸前，手心朝斜下；同时上身先微向右再向左转；左脚收向右脚，脚尖着地。上体左转，左脚向前（偏左）迈出成弓步；同时右手收回，由耳旁向前推出，与鼻尖高度相同，左手向下由左膝前搂过落于左胯旁，指尖向前（图10-39、图10-40）。

图10-39　第二式：搂膝拗步1

图10-40　第二式：搂膝拗步2

（2）右脚缓慢慢屈膝，上体后右，身体重心向右侧退转移，左脚尖翘起，脚掌慢慢踏实，右脚前弓，身体右转，身体重心移至左腿，右脚收到左脚内侧，脚尖着地；同时左手向外翻掌，由左后向上划弧至左肩外侧，肘微屈，手与耳同高，手心斜向上；右手随转体向上、向下划弧落于左胸前，手心朝向斜下。上体右转，右脚向前（偏右）迈出成弓步；同时左手屈回，由耳侧向前推出，与鼻尖同高，右手向下由左膝前搂过落于右胯旁（图10-41、图10-42）。

图10-41　第二式：搂膝拗步3

图10-42　第二式：搂膝拗步4

3. 野马分鬃

（1）上体微微向左转，身体重心转移至左腿；同时右臂收在胸前，呈平屈状，手心朝下，左手经体前向右下划弧至右手下，两手掌心相对，形成抱球状；左脚随即收到右脚内侧，脚尖点地；眼看右手。左脚向左前方迈出，右脚跟后蹬，成左弓步；同时上体继续向左转，左右手随转体慢慢分别向左上、右下分开，右手落在右胯旁，肘也微屈（图10-43、图10-44）。

（2）上体慢慢后坐，身体重心移至右腿，左脚尖翘起，微向内扣（大约90°），随后脚掌慢慢踏实，左腿慢慢前弓，身体右转，身体中心再移至左腿；同时左手翻转向下，左臂收在胸前平屈，右手向左上划弧至左手下，两手心相对成抱球状；右脚随即收到左脚内侧，脚尖点地；眼看左手。右腿向右前方迈出，左腿自然伸直，成右弓步；同时上体右转，左右手随转体分别慢慢向左下、右上分开，右手高与眼平（手心斜向上），肘微屈；左手落在左胯旁，肘也微屈，手心向下，指尖向前；眼看右手（图10-45、图10-46）。

图10-43 第三式：野马分鬃1

图10-44 第三式：野马分鬃2

要点： 上体不可前俯后仰，胸部必须宽松舒展。两臂分开时要保持弧形。身体转动时要以腰为轴。

图10-45 第三式：野马分鬃3

图10-46 第三式：野马分鬃4

4. 左右云手

（1）身体重心移至左腿，身体慢慢向左转，右脚尖里扣；左手经腹前向右上划弧至右肩前，手心斜向后，同时右手变为掌，手心朝向右前；眼看左手。上体慢慢左转，身体重心随之慢慢左移；左手由脸前向左侧运转，手心渐渐转向左方；右手由右下经腹前向左上划弧至左肩膀前，手心斜向后（图10-47、图10-48）。

图10-47 第四式：云手1

图10-48 第四式：云手2

（2）上体再向右转，同时左手经腹前向大踏步划弧至右肩前，手心斜面向后；右手右侧运转，手心翻转向右；随之左腿向左横跨一步；眼看左手（图10-49、图10-50）。

图10-49　第四式：云手3　　　　　　　　图10-50　第四式：云手4

（3）"右云手"与"左云手"动作相似，只是左右相反。

5. 金鸡独立

（1）身体重心向左移，左脚跟为轴，脚尖尽量向外撇，左脚支撑，右腿提膝，上体微向左转并向前起身；右臂继续向前伸出（立掌），掌心向左；眼看右手，右腿慢慢提起平屈，成左独立势；屈臂立于右腿上方，肘与膝相对，手心向左；左手立于左胯旁，手心向下，指尖向前；眼看右手。

（2）"右独立势"与"左独立势"动作相似，只是左右相反（图10-51、图10-52）。

图10-51　第五式：金鸡独立1　　　　　　图10-52　第五式：金鸡独立2

6. 左右蹬腿

（1）两手由外圈向里圈划弧，两手交叉合抱于胸前，右手在外，手心均向后，眼平看右前方。两臂左右划弧分开平举，肘部微屈，手心均向外；同时右腿屈膝抬起，右脚向前方慢慢蹬出；眼看右手（图10-53、图10-54）。

（2）左腿屈膝后坐，身体重心移至左腿，上体左转，右脚尖里扣；同时两掌由上向左右划弧分开平举，手心向前；眼看左手。身体重心再移至右腿，左脚收到右脚内侧，脚尖点地；同时两手由外圈向里圈划弧合抱于胸前，左手在外，手心均向后；平视前方。两臂左右划弧分开平举，肘部微屈，手心均向外；同时左腿屈膝提起，左脚向左前方慢慢蹬出；眼看左手（图10-55、图10-56）。

图 10-53　第六式：蹬腿 1

图 10-54　第六式：蹬腿 2

图 10-55　第六式：蹬腿 3

图 10-56　第六式：蹬腿 4

7. 左右揽雀尾

（1）身体继续向右转，左手自然下落逐渐翻掌经腹前划弧至左肋前，手心向上；左臂屈肘，手心转向下，收至右胸前，两手相对成抱球状；同时身体重心落在右腿上，左脚收到右脚内侧，脚尖点地；眼看右手。上体微向左转，左脚向左前方迈出，上体继续向左转，右腿自然蹬直，左腿屈膝，成左弓步；同时左臂向左前方掤出（即左臂平屈成弓形，用前臂外侧和手背向前方推出），高与肩平，手心向后；右手向右下落于右胯旁，手心向下，指尖向前；眼看左前臂（图 10-57、图 10-58）。

图 10-57　第七式：揽雀尾 1

图 10-58　第七式：揽雀尾 2

（2）身体微向左转，左手随即前伸翻掌向下，右手翻掌向上，经腹前向上，向前伸至左前臂下方；然后两手下捋，即上体向右转，两手经腹前向右后上方划弧，直至右手手心向上，高与肩齐，左臂平屈于胸前，手心向后；同时身体重心移至右腿；眼看右手。上体微向左转，右臂屈肘折回，右手附于左手腕里侧（相距约5cm），上体继续向左转，双手同时向前慢慢挤出，左手心向右，右手心向前，左前臂保持半圆；同时身体重心逐渐前移变成弓步；眼看左手腕部（图10-59、图10-60）。

图10-59　第七式：揽雀尾3

图10-60　第七式：揽雀尾4

（3）左手翻掌，手心向下，右手经左腕上方向前、向右伸出，高与左手齐，手心向下，两手左右分开，宽与肩同；然后右腿屈膝，上体慢慢后坐，身体重心移至右腿上，左脚尖翘起；同时两手屈肘回收至腹前，手心均向前下方；眼向前平看。上式不停，身体重心慢慢前移，同时两手向前、向上按出，掌心向前；左腿前弓成左弓步；眼平看前方（图10-61、图10-62）。

图10-61　第七式：揽雀尾5

图10-62　第七式：揽雀尾6

（4）上体后坐并向右转，身体重心移至右腿，左脚尖里扣；右手向右平行划弧至左肋前，手心向上；左臂平屈胸前，左手掌心向下与右手成抱球状；同时身体重心再移至左腿上，右脚收至左脚内侧，脚尖点地；眼看左手。同（1）左右相反（图10-63、图10-64）。

（5）同（2），只是左右相反（图10-65、图10-66）。

（6）同（3），只是左右相反（图10-67、图10-68）。

图 10-63　第七式：揽雀尾 7

图 10-64　第七式：揽雀尾 8

图 10-65　第七式：揽雀尾 9

图 10-66　第七式：揽雀尾 10

图 10-67　第七式：揽雀尾 11

图 10-68　第七式：揽雀尾 12

8. 十字手

（1）屈膝后坐，身体重心移向左腿，左脚尖里扣，向右转体；右手随着转体动作向右侧平摆划弧，与左手成两臂侧平举，掌心向前，肘部微屈；同时右脚尖随着转体稍向外撇，呈右侧弓步；眼看右手（图 10-69）。

（2）身体重心慢慢移至左腿，右脚尖里押，随即向左收回，两脚距离与肩同宽，两腿逐渐蹬直，成开立步；同时两手向下经腹前向上划弧交叉合抱于胸前，两臂撑圆，腕高与肩平，右手在外，成十字手，手心均向后；眼看前方（图 10-70）。

图 10-69　第八式：十字手 1

图 10-70　第八式：十字手 2

（三）收势

　　两手向外翻掌，手心向下，两臂慢慢下落，停于身体两侧；眼看前方（图 10-71、图 10-72）。

图 10-71　收势 1

图 10-72　收势 2

第三节　场地、器材和规则

一、场地

　　太极拳比赛在长 16m、宽 14m 的地毯（或地面）上进行，四周沿边线向内标明 5cm 的边线，周围设置 1m 宽的安全区，场地的长边中间有长 30cm 宽 5cm 的中线标记。

二、器材

　　太极拳是无器械运动，器材方面主要涉及服装、服装款式及规格。

三、规则

（一）竞赛形式

竞赛规程中规定太极拳的竞赛形式，一般情况下可分为：个人竞赛和团体竞赛两大类。

1. 个人竞赛

（1）杨式太极拳。

（2）陈式太极拳。

（3）吴式太极拳。

（4）孙式太极拳。

（5）太极拳竞赛套路。

2. 团体竞赛

（1）杨式太极拳。

（2）陈式太极拳。

（3）吴式太极拳。

（4）孙式太极拳。

（5）太极拳竞赛套路。

（二）评分标准与方法

1. 评分标准

各项比赛的最高得分均为 10 分，评分和扣分标准如下：

（1）动作规格的分值为 6 分。

（2）劲力、协调的分值为 2 分。

（3）精神、意识、速度、风格的分值为 2 分。

2. 其他错误的扣分标准

（1）没有完成完整套路：凡运动员没有完成套路中途退场者，均不予评分。

（2）遗忘：每出现一次遗忘动作的错误，根据不同程度，扣 0.1～0.3 分。

（3）失去平衡：每出现一次摇晃扣 0.1 分，每出现一次附加支撑扣 0.2 分，连续出现附加支撑扣 0.3 分，每出现一次倒地扣 0.3 分。

（4）起势、收势：起势与收势不符合要求扣 0.1 分。

（5）重做：

1）运动员因客观原因造成比赛中断，经裁判长同意，可重做一次，不扣分。

2）运动员因动作遗忘、失误等原因造成比赛中断者，可重做一次，扣 1 分。

（6）动作数量：动作数量超出或不足，每多或少一个动作扣 0.3 分。

（7）动作方向：凡偏离规定方向 45°以上，每出现一次扣 0.1 分。

（8）动作与套路规定内容要求不符，每出现一次错误扣 0.1～0.3 分。

拓展阅读

太极拳申遗之路

太极拳，属中国传统体育、游艺与杂技，是我国宝贵的非物质文化遗产之一，同时也是世界级非物质文化遗产，但太极拳申遗之路是艰难曲折的。

2005 年"江陵端午祭"被韩国成功申报为"人类口头与非物质遗产代表作"后，国人一片哗然；韩国和日本政府都在不遗余力地推动文化产业发展，明确提出了"文化艺术立国"的发展目标，这些都应引起我们的足够重视。文化特别是非物质形态的文化正在成为国家间进行综合实力竞争的软实力因素。

太极拳文化是中国武术文化的重要组成部分，受众面广影响力大，但是面对太极拳种类的膨胀式发展，面对海外各国太极拳技术的飞速提升，为保护、传承和弘扬原生态的太极拳文化，牢固树立我国"世界太极拳中心"的地位，更应未雨绸缪地对其展开"申遗"研究。

2006年，太极拳被列入中国首批国家非物质文化遗产名录。

2008年8月，太极拳开始申报人类非物质文化遗产，与中国的其他项目共计35项报送到联合国教科文组织。但太极拳遗憾地与世界人类非物质文化遗产擦肩而过。

2009年9月，联合国教科文组织再次限制申报数目，中国最后确定申报了京剧和中医针灸，太极拳被搁置。

2011年，中国申报了皮影戏，太极拳没有入围。

2013年，中国申报了珠算，太极拳再次被搁置。

2014年，太极拳的申报资料没能在申报截止日期前提交，第五次申报宣告失败。

2020年，中国太极拳申遗成功，太极拳被列入《人类非物质文化遗产代表作名录》，成为世界级非物质文化遗产。

课后提升

1．太极拳的基本技术有哪些？
2．太极拳的套路动作有哪些？
3．太极拳的竞赛规则中，评分方法有哪些？

第十一章 抛 绣 球

 运动能力目标

1. 认识抛绣球的重要性，掌握抛绣球的基础知识、基本原理和运动技能。
2. 了解并运用抛绣球的规则。
3. 通过抛绣球的学习和锻炼，体能、灵敏性、耐力等素质得到提高。
4. 观看抛绣球竞技比赛，能简要分析比赛过程中的存在的问题。

 健康行为目标

1. 理解抛绣球锻炼对健康促进的重要性，能自主积极参加抛绣球活动，逐步形成规律锻炼的意识和习惯。
2. 体验抛绣球锻炼对心理的积极影响，从练习中逐步学会调控负面情绪，提升积极应对挫折、保持良好心态的能力。
3. 形成积极的体育态度，提高分析问题和解决问题的能力。
4. 享受运动乐趣，掌握各种体能的训练方法，积极参与各种体能练习，改善体形，保持良好的身体姿态。

 体育品德目标

1. 通过抛绣球的学习，理解我国优秀文化对个人品德塑造的重要性。
2. 参与抛绣球比赛，增强团队协作意识和抗挫折能力，以及培养不屈不挠、勇于拼搏的精神。
3. 遵守抛绣球比赛规则，树立诚实守信、尊重对手、公平竞争等重要品质。
4. 了解抛绣球起源和发展史，增强民族传统文化自信，积极正向地宣传和发展民族传统体育文化。

思维导图

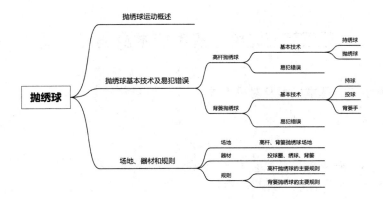

课前自学

第一节　抛绣球运动概述

抛绣球的历史可以追溯到两千多年前，壮族抛绣球的习俗，宋、元时代就已有之，可是壮族以抛绣球来完成男女之间的传情达意，而求偶风俗的起源还远不止于宋代。抛绣球本是歌圩中的一项活动，而歌圩是原始社会氏族外婚时期形成的。用抛绣球来求偶既然是歌圩求偶不可分割的一部分，其起源或可上溯到原始社会。追溯绣球的起源，应是广西壮族乡村青年男女，在约定的日子里，成群结队在山间地头对歌戏耍。随手摘下身边花草，制作成藤缠绕而成的花球，抛给自己心中喜欢的人。这种最初用野花野草做成的花球，渐渐演变成绣有莲花、鸳鸯戏水等具有爱情象征意义吉祥物的绣球。今天，虽然表达爱情的方式多种多样，不再需要用抛绣球的方式来表达爱情，但是，抛绣球这一富含民族文化的民族传统体育项目，仍受到广大人民群众的喜爱。经过众多体育工作者和艺术工作者在原有基础上加工和提炼，抛绣球运动已发展为表演类和竞技类民族传统体育项目。表演类抛绣球，既可用以表达男女青年的爱情故事，也可表达对远方的客人或嘉宾的欢迎，寄托人们祈求来年五谷丰登、风调雨顺和人畜兴旺的愿望。竞技类比赛设置主要有高杆抛绣球和背篓抛绣球比赛（图11-1）。

图 11-1　抛绣球比赛

第二节　抛绣球基本技术及易犯错误

一、高杆抛绣球的基本技术及易犯错误

（一）高杆抛绣球的基本技术

1. 持绣球

正对投球方向，两脚前后开立，左脚在前，重心落在右脚上，左手向前上方伸直，掌心向上，四指托球，右手握住绣球提绳的尾部，平屈于右侧，准备投球（图11-2）。

图 11-2　高杆持绣球

2. 抛绣球

左手用力将绣球上抛，同时右手拉住绣球尾部的绳子，身体舒展，绣球以提绳长度为半径，右手握绳处为圆心，将绣球置于身体右侧，绣球按照逆时针方向运动，同时蹬腿，送髋，伸臂送腕，重心前移，当绣球运动至身体前上方时，顺着绣球摆动形成的惯性力将球以合适的角度抛出。左臂自然平屈于胸前（图 11-3）。

图 11-3　高杆抛绣球

（二）高杆抛绣球易犯错误

持绣球时，站位与持球易错；抛绣球时，出手角度过大或小，或者左手抛球与右手拉绳做顺时针运动，绳易松散。教师要根据错误动作进行讲解示范，并让学生在原地进行反复练习，形成动作技术记忆。

二、背篓抛绣球的基本技术及易犯错误

（一）背篓抛绣球的基本技术

1. 持球

与高杆抛绣球的持球技术基本相同，唯一不同的是出手的角度低于高杆绣球。

正对投球方向，两脚前后开立，左脚在前，重心落在右脚上，左手置于身体前方，掌心朝上，四个手指托住球，右手握住绣球提绳的尾部，屈臂于身体右侧，做好投球的准备姿势（图 11-4）。

图 11-4　背篓持绣球

2. 投球技术动作

动作要领：左手稍用力将绣球上抛，右手向后拉绳，伴展手臂，绣球以提绳为半径，右手握绳处为圆心，绣球置于身体右侧，顺时针方向运动，同时蹬腿、送髋，伸臂送腕，重心前移，当绣球运动至身体前方上方时，顺着球的惯性力量将球以合适的角度抛出（图 11-5）。

图 11-5　背篓抛绣球

3. 背篓手技术动作

（1）背向接球。接绣球手背篓面对投球手站立于接球区内，面对投球手，如来球过低，可采用蹲下，或转身背向来球，将接入篓中（图 11-6）。

图 11-6　背向接球动作示范

（2）侧身接球。接球手背篓面对投球手站立于接球区内，面对投球手，如投球偏向两侧，判断来球落点，向左或向右侧身，将来球接入篓中（图11-7）。

图 11-7　侧身接球动作示范

（3）正面接球。接球手背篓面对投球手站立于接球区内，面对投球手，如投来的球过高，判断来球落点，向后移动或跳起将球接入篓中（图11-8）。

图 11-8　正面接球

（二）背篓抛绣球易犯错误

来球时，接球手害怕，没注视来球方向；判断来球时，移动接球落点不到位（图 11-9）。同时投球手时刻要注意出手角度。教师根据正确动作进行讲解示范，并让学生在原地进行对墙抛接、两人一组做抛接球近距离练习，形成动作技术记忆。

图 11-9　易犯错误

第三节　场地、器材和规则

一、场地

（一）高杆抛绣球场地

高杆抛绣球的场地长 26m、宽 14m，长边的界线叫边线，短边的界线叫端线，在中线两侧各 7m 的地方，各画一条与中线平行与边线相连接的投球控制线，投球控制线到端线之间的地区为投球区（图 11-10），在中线的中点立一根高 9m 的杆，杆顶安装一个内径 1m，外径为 1.2m 的圆圈，为投球圈。

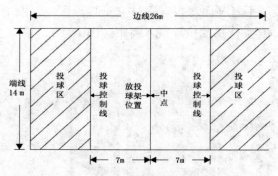

图 11-10　高杆绣球投球区

（二）背篓抛绣球场地

在球场或空地相距 15m 处分别画投球限制线和接球限制线，线外分别设宽 2m 的投球区和接球区（图 11-11）。

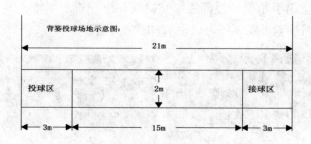

图 11-11　背篓抛绣球场地

二、器材

（一）投球圈

在中线的中点处竖一根的杆，高度为 9m，杆顶安置直径 1.2m 的圆圈，这是投球的目标圈，称投球圈（图 11-12）。

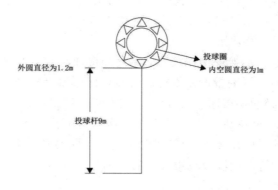

图 11-12　高杆绣球投球圈

（二）绣球

球体：用各式绸布或有花纹团的布制成，直径 5～6cm，内装有细砂石，重量一般为 150g。

球绳：球绳长 90cm，制作时系于球心，绳子的尾端系着 3 片长 4cm、宽 0.5cm 的布条。

球穗：球下部缝上 5 片长 5cm、宽 0.5cm 的布条为球穗。

比赛时需备 5 种不同颜色的绣球各 3 个（图 11-13）。

（三）背篓

用竹或塑料制，背篓上径直径 30cm，下径直径 20cm，高 40cm（图 11-14）。

图 11-13　绣球

图 11-14　背篓

三、规则

（一）高杆抛绣球的主要规则

投球控制线到端线之间的区域为投球区，运动员必须在投球区内完成投球动作，否则被判罚违规，高杆抛绣球比赛分团体赛和男、女个人赛。团体赛分两段进行，第一段为 5 名女队员上场；第二段为 5 名男运动员上场。每段 10min，个人赛也分为两段进行，每段 5 min。

比赛中，运动员将绣球投向投球圈，并飞快捡起自己的绣球球反向投圈，中圈得 1 分，不中圈不得分。投球时踩控制线、捡别人的球投圈或者捡到自己的绣球同向投圈，均判违例一次并扣 1 分。在比赛时间内各队员所投中的圈的个数为该队员的得分，团体赛则为 10 人得分相加，高者列前，如成绩相等则再投 1 分钟直至决出胜负。

（二）背篓抛绣球的主要规则

背篓抛绣球比赛则是 1 名接球员在接球区用背篓接球，另 4 名队员各持 5 只绣球在投球区投球。投球队员须在投球区内投球，不得越过投球区或踏上投球区线，并按次序投球，每次只投 1 个球。接球员必须在接球区内接球，不得越过接球区或踏上接球区线，接球手只能用背篓直接接球，不能用手及头等附加动作将球送入背篓内，否则判违例，所进球为无效球。在接球区内接中有效投球计 1 分，在 3 分钟内投球队员必须将所有的球投出，以得分多者名次列前，如果得分相等，则以投球用时少的队为胜。

拓展阅读

关于抛绣球的爱情传说

在 800 多年前的靖西县一个小村庄里住着一户贫苦人家，这家人的儿子阿弟爱上了邻村的姑娘阿秀。阿秀不仅相貌出落得漂亮，性情也善良大方，她也深深地爱上了诚实、勇敢的阿弟。

一年春天，一个有钱有势的恶少看上了正在镇上赶圩（在广西赶集又称赶圩）的阿秀，便动了要娶阿秀为妻的想法。阿秀的心上人是阿弟，她以死相胁，坚决不从。当恶少得知阿秀的心上人就是邻村的阿弟时，恶少便心生奸计。他贿赂官府，以"莫须有"的罪名将阿弟判了死刑。阿秀听到这个消息后，整日以泪洗面，哭瞎了双眼。但阿秀为了表达对阿弟的心意就开始为阿弟一针一线地缝制绣球。针扎破了手，血流在了绣球上，绣球上的花更艳了，叶更绿了，鸟更鲜活了。

过了许久，浸透了阿秀鲜血的绣球做好了，阿秀变卖了自己的首饰，买通了狱卒，当她在阴暗潮湿的地牢里摸到已被折磨得骨瘦如柴的阿弟时，阿秀无比绝望，强忍着伤心，从身上取出绣球戴在了阿弟的脖子上。就在这时，只见灵光一现，阿秀、阿弟和家人便飘然落在远离恶魔的一处美丽富饶的山脚下。阿秀和阿弟结婚了，生了一儿一女，靠着自己勤劳的双手，过上了幸福的生活。慢慢地，绣球就成了壮乡人民的吉祥物，也成了壮乡青年男女爱情的信物。

课后提升

1. 简述抛绣球的起源与发展。
2. 简述高杆抛绣球的基本技术动作。
3. 简述背篓抛绣球的主要规则。

第十二章　板　鞋　竞　速

 运动能力目标

1. 认识板鞋的重要性，掌握板鞋竞速的基础知识、基本原理和运动技能。
2. 了解并运用板鞋竞速的规则。
3. 通过板鞋竞速的学习和锻炼，体能、灵敏性、耐力及协调性等素质得到提高。
4. 观看板鞋竞速竞技比赛，能简要分析比赛过程中的存在的问题。

 健康行为目标

1. 理解板鞋竞速锻炼对健康促进的重要作用，能自主积极参加板鞋竞速活动，逐步形成规律锻炼的意识和习惯。
2. 体验板鞋竞速锻炼对心理的积极影响，从练习中逐步学会调控负面情绪，提升积极应对挫折，保持良好心态的能力。
3. 形成积极的体育态度，学会团结协作、合作取胜。
4. 享受板鞋竞速运动乐趣，掌握项目相关的体能的训练方法，积极参与各种体能练习，改善体形，保持良好的身体姿态。

体育品德目标

1. 通过板鞋竞速的学习，理解我国优秀文化对个人品德塑造的重要性。
2. 参与板鞋竞速比赛，增强团队协作意识和抗挫折能力，培养不屈不挠、勇于拼搏的精神。
3. 遵守板鞋竞速比赛规则，相互尊重、诚实守信，具有公平竞争的意识和行为。
4. 了解板鞋竞速起源和发展史，增强民族传统文化自信，积极正向地宣传和发展民族传统体育文化。

思维导图

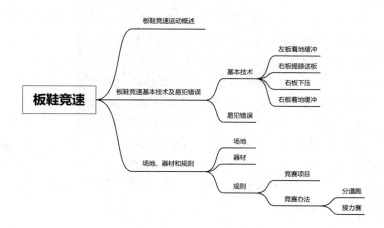

课前自学

第一节　板鞋竞速运动概述

板鞋竞速，又称三人板鞋竞速，是流传于广西境内壮族聚居区的一种集体运动项目。原则上板鞋上可以有一人或多人，甚至十几、几十人。三人板鞋竞速是由三人木枷练兵法演变成的体育比赛项目。它是由间隔紧凑的三名队员纵队排列，脚穿同一副板鞋，徒手搭肩或扶腰后，以相近姿态和同一步频向前快速奔跑的团队竞速性运动项目。以三人右腿运动轨迹为例，三人板鞋竞速的一个完整的跑动周期分左板着地缓冲、右板提膝送板、右板下压、右板着地缓冲（图 12-1）。

图 12-1　板鞋竞速比赛

板鞋竞速起源于广西河池南丹县那地州壮族地区。传说明代倭寇反复侵扰我国沿海地区，广西百色地区的瓦氏夫人领旨率兵赴沿海抗倭。瓦氏夫人在士兵训练中为了让士兵步调一致，令 3 名士兵同穿上一副长板鞋齐跑，长期如此训练，士兵的素质得到提高，斗志高涨，最后击败倭寇，为壮乡人民立了大功。后来，南丹县那地州壮族人民模仿瓦氏夫人练兵方法，在日常生活中开展三人板鞋竞速活动，相习成俗，逐渐流传至今。

板鞋竞赛随着我国民族传统体育的发展而迅速发展。在广西民族传统体育运动会上居于重要的位置，更为继承和发展民族传统体育起到了极其重要的作用。自 1986 年，在广西壮族自治区的民族传统体育运动会上，三人板鞋竞速 100m、25m 折回跑成为正式比赛项目。自此三人板鞋竞速初步实现了由民族民间娱乐项目向民族传统体育竞赛项目的转化。1991 年，广西承办的全国第四届民族传统体育运动会，把板鞋竞速融入民俗风情表演，展示三人板鞋抢粽粑、三人板鞋戏水、多人板鞋踩气球等独特表演和对抗赛，也成为全国民族传统体育运动会的表演项目。随着板鞋竞速规则不断完善，运动技术基本成熟和定型，并自然地被赋予竞技、健身、娱乐和教育等价值，其独特的运动方式得到广大群众广泛的认同。2007 年，在全国第八届民族传统体育运动会筹备会上，三人板鞋竞速定名为"板鞋竞速"，并被确定为全国民族传统体育运动会竞速项目。

第二节 板鞋竞速基本技术及易犯错误

一、板鞋竞速基本技术

1. 左板着地缓冲

三人板鞋着地缓冲时，重心放在右板上，即在左板着地一瞬间，重心迅速转移，同时积极压板（图12-2）。

图12-2 左板着地缓冲

2. 右板提膝送板

左板下压同时后蹬，右腿抬膝，以大腿带动小腿向前上方摆动，提膝向前送板（图12-3）。

图12-3 右板提膝送板技术

3. 右板下压

摆动腿的大腿摆至几乎与地面平行，小腿顺惯性向前摆动，脚掌保持自然的姿势。大腿积极下压，并积极向前伸腿送髋（图12-4）。

图12-4 右板下压技术

4. 右板着地缓冲

小腿前伸，着地缓冲，重心由左板过渡到右板。

二、板鞋竞速易犯错误

（1）三人之间脚步不协调一致问题，出现这一问题的原因就是三人的配合不够默契，步伐不统一，要加强步伐练习，三人同时喊口令，多次练习，直到步伐协调一致。

（2）板首提拉板时，板尾送压板不及时，出现这一问题的主要原因是对提拉板和送压板之间的衔接没有把握好，建议先进行原地提拉板和送压板动作的练习。

第三节　场地、器材和规则

一、场地

板鞋竞速在标准的田径场进行，场地线长宽均为 5cm，跑道分道宽 2.44～2.5m；可根据比赛的需要和场地状况设置跑道的多少；接力区为 10m，接力区中线为宽 5cm 的虚线，其前后各 5m 处画一条实线，接力区从这两条线的后沿算起。

二、器材

板鞋长度为 100cm，宽度为 9cm，厚度为 3cm，制作材料为木料。以三人板鞋竞速为例，每只板鞋配有三块宽度为 5cm 护足的皮套，固定于规定的板鞋上，皮套以套紧脚面为宜。第一块皮套前沿距板鞋前端 7cm，第二块皮套在第一块皮套与第三块皮套的中间，第三块皮套后沿，距板鞋末端 15cm（图 12-5）。

图 12-5　板鞋

三、规则

（一）竞赛项目

第九届全国民族传统体育运动会上，板鞋竞速的竞赛项目主要有男子三人板鞋竞速 60m、100m、2×100m 接力，女子三人板鞋竞速 60m、100m、2×100m 接力，三人板鞋竞速 4×100m 混合接力。

（二）竞赛办法

1. 分道跑

所有竞赛项目均采用分道跑。根据参赛人数确定赛次设置。

分道跑的比赛方法如下。

（1）起跑：当发令员发出"各就位"口令时，运动员将板鞋置于跑道起跑线前，运动员共同套好板鞋，任何一只板鞋不得触及或超过起跑线。当发令员鸣枪时，运动员方可起动跑进。

（2）途中跑：在比赛过程中，应自始至终在各自道次内进行。如果出现某一队员脚脱离板鞋脚触地或摔倒，须在原地重新套好板鞋再继续比赛。

（3）终点：以第一名运动员身体躯干任何部位抵达终点线后沿垂直面瞬间为止，运动员的身体和板鞋须全部超过终点线后才能分离。

2. 接力赛

由多副板鞋组成多组进行比赛；第一组队员和第二组队员的交接必须在接力区内完成；完成交接的队员停留在各自的分道或接力区内，直到跑道畅通后方可离开。接力项目每队限报 2 项。混合接力比赛第 1、3 棒为女子，第 2、4 棒为男子。

拓展阅读

广西少数民族传统体育运动会

1982 年 4 月 21 日至 27 日，广西壮族自治区第一届少数民族传统体育运动会在南宁市举行。参加当年运动会的有南宁、柳州、桂林、百色、河池、钦州 6 市，运动员分别来自壮族、瑶族、苗族、侗族、彝族、仡佬族、京族、仫佬族、朝鲜族、回族共 204 人。

2022 年 11 月 3 日至 12 月 17 日，第十五届少数民族传统体育运动会分两个阶段在桂林市成功举办。本次运动会以"平等、团结、拼搏、奋进"为宗旨，共设置花炮、珍珠球、蹴球、毽球、龙舟、独竹漂、秋千、射弩、陀螺、高脚竞速、板鞋竞速、少数民族武术、民族健身操、投绣球、攀爬椰子树、蚂蚜捉害虫等 16 个竞赛项目和竞技类、技巧类、综合类等 3 类表演项目。全区共有 19 个代表团共 2167 名运动员参赛。比赛精彩纷呈，是一场精彩的民族团结盛会。

少数民族传统体育运动会从第一届到第十五届，40 年弹指一挥间，盛会的规模空前，但传承中华民族文化和精神的宗旨却永远未变，这是铸牢中华民族共同体意识，展示各民族共同团结奋斗、共同繁荣发展最好的舞台。

课后提升

1. 简述板鞋竞速的起源与发展。
2. 简述板鞋竞速的基本技术动作。
3. 简述板鞋竞速的训练方法。

第十三章　蚂蚁捉害虫

 运动能力目标

1. 认识蚂蚁捉害虫的重要性，掌握蚂蚁捉害虫知识、基本原理和运动技能。
2. 了解并运用蚂蚁捉害虫的规则。
3. 通过蚂蚁捉害虫的学习和锻炼，体能、灵敏性、力量、耐力及协调性等素质得到提高。
4. 观看蚂蚁捉害虫竞技比赛，能简要分析比赛过程中的存在的问题。

 健康行为目标

1. 理解蚂蚁捉害虫锻炼对健康促进的重要作用，闲暇能自主积极参加蚂蚁捉害虫运动，逐步形成规律锻炼的意识和习惯。
2. 体验蚂蚁捉害虫锻炼对心理的积极影响，从练习中逐步学会调控负面情绪，提升积极应对挫折、保持良好心态的能力。
3. 形成积极的体育态度，学会团结协作，合作取胜。
4. 享受蚂蚁捉害虫运动乐趣，掌握相关的体能训练方法并积极参与体能练习，改善体形，培养良好的身体姿态。

 体育品德目标

1. 通过蚂蚁捉害虫学习，理解我国优秀文化对个人品德塑造的重要性。
2. 参与蚂蚁捉害虫比赛，增强团队协作意识和抗挫折能力，以及培养不屈不挠、勇于拼搏的精神。
3. 遵守蚂蚁捉害虫比赛规则，相互尊重、诚实守信，具有公平竞争的意识和行为。
4. 了解蚂蚁捉害虫起源和发展史，增强民族传统文化自信，积极正向地宣传和发展民族传统体育文化。

思维导图

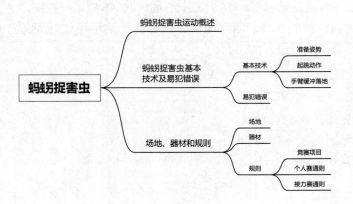

课前自学

第一节　蚂蜴捉害虫运动概述

蚂蜴捉害虫是我国民族传统体育项目之一，主要起源于广西东兰县壮族人民最重要的节庆活动——蚂蜴节。与蚂蜴节密切相关的蚂蜴舞包含祭祀舞蹈形式，其表现多模仿农耕生活、青蛙动作等，随着社会快速发展，原有的祭祀图腾仪式，已经逐步转为群众性的自我娱乐活动。蚂蜴节作为壮族传统文化展示会和民族大聚会，是广西壮族人民最为隆重的节日之一，一般在农历春节期间举办，此时是人们能亲身体验蚂蜴文化最好的时机（图 13-1）。

图 13-1　蚂蜴节

这一节日蕴含着深厚的历史底蕴和民族文化象征。为了更好地传承和保护这一优秀传统文化，广西政府与广大的民族传统体育工作者们不断努力探索，让蚂蜴捉害虫在 2018 年的广西第十四届民族传统体育运动会上，第一次由民间民俗文化活动演变为体育竞技项目。

目前，这个项目处于初期探索阶段，项目的动作形式、比赛章程、比赛规则等都需要民族传统体育工作者和政府组织者继续完善，我们要争取早日将这个项目推广出去，使其成为广西民族传统体育的又一特色项目（图 13-2）。

图 13-2　蚂蜴捉害虫比赛

第二节　蚂蚁捉害虫基本技术及易犯错误

在 2018 年的广西第十四届民族传统体育运动会上，蚂蚁捉害虫的代表队主要形成两种不同的技术动作，一种是跳远式蚂蚁捉害虫，另外一种是由南宁职业技术学院展示的蚂蚁捉害虫动作，由于南宁职业技术学院蚂蚁队动作形似蚂蚁而且神态鲜明，受到组委会、广西电视台、南宁日报等的肯定，成为网红蚂蚁。南宁职业技术学院蚂蚁运动员受邀参加2018 年广西体坛盛会暨全民健身传统活动，与广西籍国际级蹼泳运动员舒程静和国家级水球运动员马欢欢同台展示蚂蚁捉害虫（图 13-3），以及参加 2023"喜迎学青会"广西民族传统体育项目北京展演活动暨 2023 年"潮动三月三 京城桂韵浓"系列活动（图 13-4）。同时南宁市民族宗教委员会在南宁职业技术学院设立南宁市民族传统体育训练基地，每年给予一定的资金支持。

图 13-3　南宁职业技术学院的运动员与国家级运动员舒城静和马欢欢合影留念

图 13-4　"潮动三月三 京城桂韵浓"系列活动

下面介绍的蚂蜗动作技术是 2018 年广西第十四届民族传统体育运动会的技术动作。

蚂蜗捉害虫技术分为三个动作环节，分别是准备姿势、起跳动作、手臂缓冲落地，要求运动员的协调性好、速度快，并且对脚尖的发力、身体的核心力、手的缓冲力、腰腹的伸缩性等要求较高。

一、蚂蜗捉害虫基本技术

（一）准备姿势

全身放松，四肢趴于地面，头部上抬，双眼目视前方，四肢于地面保持受力均衡，双脚脚尖朝外，向上弓腰，含胸收腹，双手放于两膝内进入准备状态（图 13-5）。

图 13-5　蚂蜗捉害虫准备姿势

（二）起跳动作

双手和上肢离地，身体重心由上肢重心移到下肢，由大腿往小腿和脚尖方向瞬间发力起跳，控制好身体核心，大脚趾脚尖发力向上前方起跳，完成起跳动作。（图 13-6）。

图 13-6　蚂蜗捉害虫起跳分解动作

（三）手臂缓冲落地

当起跳后在空中准备着地时，要手掌先着地，后肘关节弯曲慢慢贴地把身体的重力缓冲好，在缓冲的同时含胸收腹，着地后双手在双腿内侧恢复蚂蜗姿势（图 13-7）。

图 13-7 蚂蜊捉害虫手臂缓冲分解动作

二、蚂蜊捉害虫易犯错误

（1）起跳的动作发力点不准确，参与者要根据教师的讲解示范多次体验大脚趾脚尖发力，直到发力点准确为止。

（2）腾空高度不足或者跳不起来，起跳动作主要难点在于起跳的瞬间发力协调和控制好身体核心稳定性，多次体验身体重心由上肢重心移到下肢，由大腿往小腿和脚尖方向瞬间发力起跳的过程，先练习下肢发力技术再体验上肢挥臂，最后再两者结合做单个完整起跳动作。

（3）起跳后准备着地时，不会用手臂缓冲，或者由于手臂力量不足导致身体前趴或者头部撞击地面，参与者首先要进行分解动作练习，其次加强手臂力量的训练。

第三节 场地、器材和规则

一、场地

在田径跑道上或者平整的场地上画 4～6 条 20m 长的跑道（可根据比赛情况设置跑道数量），每条跑道宽 1.5m，跑道线宽为 5cm。

二、器材

蚂蜊捉害虫至今还没有统一规定的"害虫"，从 2018 年广西第十四届少数民族传统体育运动会上用的橡胶"害虫"和 2022 年广西第十五届少数民族传统体育运动会上用的橡胶"害虫"如图 13-8 和图 13-9 所示。"害虫"有待民族传统体育工作者继续开发和研究。

图 13-8 2018 年的广西第十四届少数民族传统体育运动会上用的橡胶"害虫"

图 13-9　2022 年广西第十五届少数民族传统体育运动会上用的"害虫"

三、规则

（一）竞赛项目

（1）男子个人 20m 折返。

（2）女子个人 20m 折返。

（3）男子 3 人 3×20m 折返接力。

（4）女子 3 人 3×20m 折返接力。

（5）男女（2 男、2 女）4 人 4×20m 折返接力。

（二）个人赛通则

1. 起跑

（1）所有项目起跑时发令员应使用"各就位""预备"口令，发令员发令枪朝天鸣放的信号为起跳信号。在"各就位"口令之后，运动员应走向起跑线，完全在自己的分道内和起跑线后做好准备姿势。"各就位"后运动员的双手和双脚须接触地面，且均不得触及起跑线或起跑线前面的地面。

（2）在"预备"口令发出后，所有运动员臀部抬起，双膝离开地面，做好最后的预备姿势，不得延误。不管任何原因，如果发令员对运动员各就位后准备起跳的过程不满意，他应命令所有运动员从起跳线撤回，助理发令员应重新召集运动员。如有运动员有不正当行为应对其进行警告（同一比赛中第二次违规即被取消比赛资格）。

2. 起跑犯规

（1）运动员在做好最后的预备姿势之后，只能在接到发令枪发出的信号之后开始起跑。如果发令员或召回发令员认为有任何在发令枪发出的信号之前开始起跑的情况，都将判为起跑犯规。

（2）对第一次犯规负有责任的一名或多名运动员给予警告，并在该运动员面前出示黄牌，每项比赛只允许运动员有一次起跑犯规而不被取消比赛资格，如有第二次则取消该项目的比赛资格，并在该运动员面前举起红牌。

3. 途中跑

在比赛过程中，运动员应在各自分道内进行比赛，以蛙跳式的方式向前跳跃前进，每跳一步落地时必须双手和双脚先后着地后才能继续向前跳进，直至跳过终点线。运动员经过折返点时须在指定的区域内取得"害虫"，并将"害虫"口衔住跳回终点。如运动员口衔"害虫"在跳回来过程中跌落，运动员必须在"害虫"跌落处重新将"害虫"衔住后才能继续比赛，否则判违例，直至跳过终点线后完成比赛。比赛过程中"害虫"跌落次数不限。

4. 终点

以运动员身体躯干的任何部分（不包括头、颈、臂、腿和脚）抵达终点线后沿垂直面瞬间为止，运动员身体和"害虫"须全部过终点线后才能分离。

（三）接力赛通则

在接力比赛中，第一棒运动员到达接力区内，将"手环"取下后交给第二棒运动员，第二棒运动员接到"手环"后即可出发，按第一棒运动员的要求进行，依次类推，直到本队最后一棒运动员完成比赛。

（1）混合接力1、3棒为女运动员，2、4棒为男运动员。

（2）参加接力比赛的队员组成和各棒顺序，应在第一轮的第一组的第一次检录前至少1小时正式申报。如再次变动，必须经由组委会或裁判长进行核实，但也只能在该接力队所在组的最后一次检录之前提出。如果违反此规定，将被取消比赛资格。

（3）凡被推动或采用其他方法受到帮助，应取消该队的比赛资格。

（4）接力队的每位成员只能参加接力比赛的其中一棒，一旦比赛开始，每队只允许有两名替补队员参加比赛。如果违反此规定，将被取消比赛资格。

（5）每队服装必须统一。

拓展阅读

"蚂蚜捉害虫"项目特点分析

分析蚂蚜捉害虫的项目特点之前先了解青蛙。蛙是人们对所有蛙物种的一种统称，青蛙是蛙类的一种，属于两栖纲、无尾目动物。在广西等少数民族聚集区，将青蛙叫作蚂蚜，由于我国雨水分布不均，南方蛙类明显多于北方，蛙大多生活于溪流、湖泊、沼泽、水渠等水源周围，少部分生活于大山中。在长江中下游地区，稻田作为主要的耕地，属于种植期常保有水的场所，恰好给蛙类提供了主要的繁殖、生长和活动场所。众所周知，蛙类可以捕食田间害虫，是稻田生物防治的重要手段之一，并且可以减少田间害虫和降低农药的使用。青蛙大多在夜间活动，以昆虫为主食，也取食一些田螺、蜗牛、小虾、小鱼等。所食昆虫绝大部分为农业害虫。有人估计，一只青蛙一天可捕食70只虫子，一年可消灭害虫15000只。因此，青蛙是一种对农业有益的动物，应提倡保护，这也是为何蚂蚜节可以从民族民间体育活动走进少数民族传统体育运动会的大舞台。那么青蛙是如何捕食猎物的呢？

据文献记载，青蛙通常静候在安全、僻静之处，蹲伏不动，当捕食对象临近时，就会弹起有力的后腿、前肢迅速抬起猛扑过去，以翻卷伸出的长舌捕获、吞食。需要说明的是只有昆虫在移动或飞翔时才会被青蛙吃到，那是因为青蛙的眼睛看不到静止的物体。有人曾实验将一只青蛙放在装满昆虫的玻璃瓶，这只青蛙竟一只昆虫都没有捉到，因为那些昆虫死的，不能移动的。

　　那么少数民族传统体育项目中的蚂蚱捉害虫项目有什么特点呢？由前期对青蛙捕食的描述可以得知首先速度快，青蛙捕食的猎物都是在飞行或者移动中的，要想抓到猎物，速度要比猎物还要快；其次上下肢要有足够的力量，后腿在蹬地一瞬间和上肢着地缓冲都要有足够的力量，身体才能足够地腾空，特别是手臂的缓冲落地对上肢的力量要求更高；再次协调性，在跳跃着地缓冲的过程中，如果没有足够的协调性，就会出现东倒西歪的现象，最后蚂蚱捉害虫的技术特点总结如下：要求运动员具有一定协调性、爆发力和速度，这套动作对脚尖的瞬间发力、身体的核心力、手臂的缓冲力、腰腹的伸缩性等要求较高。

课后提升

1. 简述蚂蚱捉害虫的起源与发展。
2. 简述蚂蚱捉害虫的基本技术动作。
3. 简述蚂蚱捉害虫的文化内涵。

第十四章 跳 竹 竿

 运动能力目标

1. 认识跳竹竿的重要性，掌握跳竹竿的基础知识、基本原理和运动技能。
2. 了解并运用跳竹竿的规则。
3. 通过跳竹竿的学习和锻炼，体能、灵敏性、协调性等素质得到提高。
4. 观看跳竹竿竞技比赛，并能简要分析比赛过程中存在的问题。

 健康行为目标

1. 理解跳竹竿锻炼对健康促进的重要作用，闲暇能积极主动参加跳竹竿运动，逐步形成规律锻炼的意识和习惯。
2. 体验跳竹竿锻炼对心理的积极影响，从练习中逐步学会调控负面情绪，提升积极应对挫折的能力，养成乐观向上的心态。
3. 形成积极的体育态度，学会团结协作、合作取胜。
4. 享受跳竹竿运动乐趣，掌握项目相关的体能的训练方法并积极参与体能练习，改善体形，培养良好的身体姿态。

体育品德目标

1. 通过跳竹竿的学习，理解我国优秀文化对个人品德塑造的重要性。
2. 参与跳竹竿比赛，增强团队协作意识和抗挫折能力，培养不屈不挠、勇于拼搏的精神。
3. 遵守跳竹竿比赛规则，相互尊重，诚实守信，具有公平竞争的意识和行为。
4. 了解跳竹竿起源和发展史，增强民族传统文化自信，积极正向地宣传和发展民族传统体育文化。

思维导图

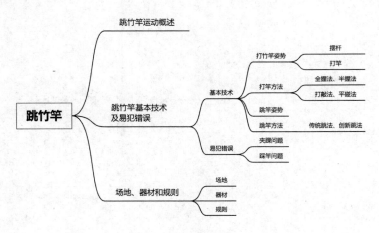

课前自学

第一节　跳竹竿运动概述

跳竹竿也叫"打柴舞""竹竿舞""打竹舞"等，它是起源于广西京族民间的传统体育项目，现流传于海南岛的黎族、苗族和广西东兴市的万尾、巫山、山心的"京族三岛"，该项目具有较强的群众性、表演性、娱乐性、教育性与文化性特征，跳竹竿经文艺工作者和体育工作者的加工整理与编排创新，现已成为观赏性极强的民族体育项目，是一项老少皆宜的快乐运动。

跳竹竿是由 8～10 人打竿，数目不等的跳竿者组成，打竿者或坐或蹲或站于细竿两端，两人一组，左右手各握细竹端，统一按不同的节律敲打粗竿和互碰细竿，发出有节律的、铿锵清脆的响声；跳竿者则根据不同的节律在竹竿间隙，或左跨右跳或载歌载舞或做出高、难、美、新的动作（图 14-1）。

图 14-1　跳竹竿活动

在黎族，丧事是一项重要的仪式，当黎族人去世后，一般需要对死者举行超度仪式，希望死者能够得到安息。在仪式中，人们会跳竹竿。随着社会经济与文化的发展，人们将音乐与跳竹竿相互融合，使跳竹竿成为了一种舞蹈形式。一些文体工作者对跳竹竿进行了改编，使跳竹竿具有鲜明的音乐节拍，整体给人欢快的感觉，男女老少都能够参与到跳竹竿中。跳竹竿逐渐成为具有较强普及性的运动。

第二节　跳竹竿基本技术及易犯错误

跳竹竿的技术可分为打竿姿势、打竿方法和跳竿姿势、跳竿方法四种。

一、跳竹竿基本技术

（一）打竿姿势

1. 摆杆

打竿姿势主要有横摆法和交叉法两种（图 14-2）。

图 14-2 摆杆方法

2. 打竿

（1）坐式：两腿交叉盘腿而坐（图 14-3）。

图 14-3 坐式打竿

（2）半跪式：要求单膝跪蹲（图 14-4）。

图 14-4 半跪式打竿

（3）站打：要求站立举竿（图 14-5 和图 14-6）。

图 14-5　站打 1

图 14-6　站打 2

（二）打竿方法

（1）根据打竿方法的不同，握竿可以分为全握法和半握法，打竿者双手各执一细竿，用细竿敲击粗竿或用左右手所握细竿互击，以此形成优美悦耳的节律。

1）全握法。拇指与其余四指分开，虎口朝前掌心向里，拇指与其余四指扣屈握竿（图 14-7）。

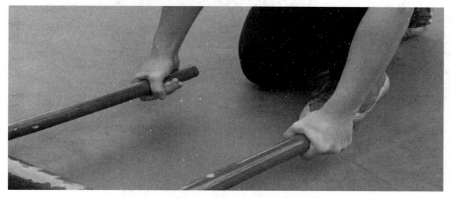

图 14-7　全握法握竿

2）半握法。四指并拢，掌指朝下，拇指前伸，掌心向里。四指扣屈握竿（图14-8）。

图 14-8　半握法握竿

（2）根据敲击的方法不同，打竿可分为打敲法和平碰法。

1）打敲法。手握细竿敲击粗竿。在跳竹竿过程中，打竿者手握细竿用不同节律敲击粗竿。细竿有节律地开合，跳竿者在两竿开离时踩着竹竿间隙前移。

2）平碰法。两竿在合敲时，用两竿内侧相互碰击。

以上敲击方法均可采用 2—2 拍的敲击节律。每组打竿者所持的两条细竿，分敲二次后再合敲（或平碰）两次，周而复始，形成"嗒嗒—嗒嗒—嗒嗒"的节律。

（三）跳竿姿势

跳竿是根据打竿的节拍，在竿中左跨右跳，并配合手部或全身动作来表达艺术、抒发情感的过程。跳竿时不能踩着竹竿，也不能被竹竿夹着，而是踩着竹竿开、合时所留下的间隙行跳竿的节拍。根据跳竿时行进的方式，跳竿可分为单脚跳进、双腿并进跳、单腿跳、双腿蹦跳、转体单腿跳、分腿跳及翻跟斗等（图14-9）。

图 14-9　跳竿

（四）跳竿方法

（1）传统跳法。

1）跳单竿。两人敲一条竹竿，跳竿者单人或者双人单脚或者双脚斜向进竿。

2）跳双竿。两人敲两条竹竿，分、合敲，跳竿者单人或者双人单脚或者双脚依据打竿节拍跳竿。

3）跳空竿。所有的小竿均匀摆开，不合敲，只在原地敲打，跳竿者练习节奏。

（2）创新跳法。

1）"平行"跳竹竿。4对竹竿平行摆开，每对之间大约60cm的距离，竹竿两端各有一名敲竿者负责敲竹竿，跳竿者两人一组跳竹竿。

2）"之字形"跳竹竿。将四对竹竿在传统跳法的基础上变换成"之"字形。跳竹竿者在跳的过程中不断变换方向，左右脚交替跳。

3）"口字形"跳竹竿。竹竿由"之"字形变换为"口"字形，为避免碰撞，学生分别从两侧交替跳竹竿。

4）"米字形"跳竹竿。竹竿由"口"字形变为"米"字形，学生分别站在周边，跟随音乐跳竹竿。

二、跳竹竿易犯错误

（一）夹踝问题

出现这一问题的原因是学生跳动的节奏与竹竿击打的节奏不一致，加强对节奏感的练习与判断，然后可以先进行不动竿的练习，等到熟练之后，再练习打竿，避免夹踝（图14-10）。

图14-10　夹踝

（二）踩竿问题

产生这一问题的主要原因在于对竹竿开合的规律不够了解，可以先判断打竿的节奏，然后再分析竹竿开合的规律，在了解节奏与规律之后，再上竿练习（图14-11）。

图14-11　踩竿

第三节 场地、器材和规则

一、场地

跳竹竿在娱乐时对场地与器材没有明确的要求，在跳竹竿教学、比赛或者表演时对场地与器材有严格的规定。在场地方面，要求长为 12m，宽为 6m，水泥地、沙地、草地，只要平坦就都可以。

二、器材

在器材方面，需要两根粗竹竿，直径为 10～12cm，长为 6m；8～10 根细竹竿，直径为 4～6cm，长度为5m（图 14-12）。

图 14-12　竹竿

三、规则

（1）在跳竹竿表演的过程中，参与表演的全部人员应该穿统一的民族服装。

（2）跳竹竿表演有单人表演、双人表演及多人表演，无论是哪种，其表演时间都限制为6分钟。

（3）在跳竹竿表演时，可以搭配相关的民族配饰，比如扇子、彩带、花伞、木板鞋等。

（4）为了不影响其他表演，竹竿只能在表演时搬进场地，在表演结束之后搬出场地。

（5）在对跳竹竿进行打分时，可以根据艺术体操的打分标准，再结合各队舞蹈完成情况进行打分。

（6）跳竹竿的动作有大跳、转体、绕摆等，可以加入民间舞、现代舞等，在完成一套跳竹竿的过程中，需要有三种以上不同的打竿节奏，表演者的动作应该与节拍相互一致。除此之外，在进行多人跳竹竿表演时，应该有集体的动作，每个队员之间应该做到动作整齐，配合默契。

（7）跳竹竿表演的时间是从第一个动作开始计时，在最后一个动作结束后停止计时。

（8）根据规定，跳竹竿表演的时间为 5～6min，除此之外，还有额外 20s 的时间作为入场的时间。

拓展阅读

跳竹竿——"哎一喂、哎一喂"

黎族人在庆祝新春时，都喜欢跳竹竿运动。这项古老又令人陶醉的文艺体育运动，节奏活泼，脚步轻快，气氛热烈，常引得众人皆为之驻足。它是一种脚步跳跃变换的竞技体育活动。场地一般为 8～12m 长，6m 宽的平地。这项活动男女老幼都可参加，因为打竿的节奏可快可慢，可轻可重。

比赛或日常玩乐时，全体人员分成两组，一组打竹竿，一组跳，再轮换。在音乐伴奏下，由一人统一指挥或唱歌，手持竹竿者随着节拍，同时向下不断地敲打粗竹竿，并且每对细竹竿随着音乐鼓点的节奏时开时合，不断地变换节奏、图形和方位。跳竹竿的人随着或快或慢的节奏，在交叉的竹竿中，灵巧、机智、自由地跳跃，统一从一面进另一面出，可单人跳、双人跳、三人跳或成队跳。

参加者一边跳舞一边由小声到大声地喊着："哎一喂、哎一喂"。舞者既不能踩着竹竿，也不能被不断开合的竹竿夹着。就这样跳者巧妙地在分合之间跳跃，于是各种欢快的步法和绚丽巧妙的舞蹈动作被创造出来，既具有观赏性，参与者也能体会到十足的欢快和乐趣。

课后提升

1. 简述跳竹竿的起源与发展。
2. 简述跳竹竿的基本技术动作。
3. 简述跳竹竿的易犯错误。

第十五章 滚 铁 环

 运动能力目标

1. 认识滚铁环的重要性，掌握滚铁环的基础知识、基本原理和运动技能。
2. 了解并运用滚铁环的规则。
3. 通过滚铁环的学习和锻炼，体能、灵敏性、协调性等素质得到提高。
4. 观看滚铁环竞技比赛，能简要分析比赛过程中存在的问题。

 健康行为目标

1. 理解滚铁环锻炼对促进健康的重要作用，积极参加并组织滚铁环活动，逐步形成规律锻炼的意识和习惯。
2. 体验滚铁环锻炼对心理的积极影响，从练习中逐步学会调控负面情绪，积极应对挫折，养成乐观向上的心态。
3. 形成积极的体育态度，学会团结协作、合作取胜。
4. 享受滚铁环运动乐趣，掌握项目相关的体能训练方法并积极参与体能练习，改善体形，培养良好的身体姿态。

 体育品德目标

1. 通过滚铁环的学习，理解我国优秀文化对个人品德塑造的重要性。
2. 参与滚铁环比赛，增强团队协作意识和抗挫折能力，培养不屈不挠、勇于拼搏的精神。
3. 遵守滚铁环比赛规则，形成相互尊重，诚实守信，形成公平竞争的意识。
4. 了解滚铁环起源和发展史，增强民族传统文化自信，积极正向地宣传和发展民族传统体育文化。

思维导图

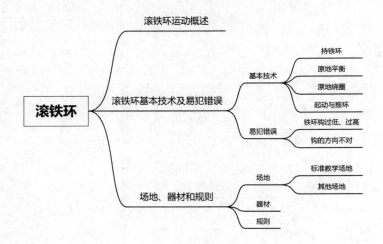

课前自学

第一节　滚铁环运动概述

滚铁环是一个现代词语，又称"滚筐篮"或"推铁环"，在我国有悠久的历史。滚铁环其实就是利用废旧不用的米筛、簸箕取其筐，或者从旧木桶上取下铁箍做成铁环，用一个带钩的手柄推着铁环滚动。据资料记载，滚铁环在 20 世纪五六十年代，曾经相当流行，不管是城里的孩子还是农村的小孩都对其情有独钟。20 世纪七八十年代，每当放学回家之际，在乡间小道上，孩子们成群结队推着铁环回家，与余晖相映成为一道亮丽的风景。

滚铁环是具有浓厚的华夏底蕴的民族传统体育项目之一，很早就在我国民间流行，由于滚铁环益于身心健康且具备广泛的群众基础，因此民族传统体育运动会的竞赛项目中一直保留着这一项目。

以弘扬民族传统体育文化、发展地区特色运动项目、提升学生身心健康为目标，应鼓励儿童参加滚铁环活动。滚铁环是对人平衡技巧的考验。手握一只铁钩，钩住铁环，推动铁环向前滚动，即使要经过无数凸凹的路面和水坑，技艺高超的孩童也可以让这只"车轮"滚一段长路而不倒下，并能做出一些花样动作，滚铁环技术一般分为持铁环、原地平衡、原地绕圈、起动与推环等环节（图 15-1）。

图 15-1　滚铁环

第二节　滚铁环基本技术及易犯错误

一、滚铁环基本技术

（一）动作要领

1. 持铁环

双脚前后开立，左脚在前，右脚在后，重心大部分落在前脚；左手持铁环顶部，置于体前左膝旁，右手持钩柄，并用钩钩住铁环的后下部（图 15-2）。

图 15-2 持铁环

2. 原地平衡

右手持柄将钩钩住铁环后下部，手柄稍向右斜，使铁环立起（图 15-3）。

图 15-3 原地平衡

3. 原地绕圈

从原地平衡开始，以铁环与地面的接触点为圆心，铁环的圆心不变，学生顺时针或逆时针绕圆心一周，同时，铁环也旋转一周（图 15-4）。

图 15-4 原地绕圈

4. 起动与推环

起动是滚铁环的开始，使铁环有一个初速度。由持铁环开始，双臂屈肘回收，然后双臂前伸，同时，左手松开铁环，右手握柄将铁环向前推进。滚铁环时，右手手腕稍紧，着力点在柄钩上，柄钩置于铁环后下部（图 15-5）。

图 15-5　起动与推环

（二）练习方法

左手握环，右手握勾。初始运动，使环离地 10～20cm，钩放在环的侧后方。左手双手使环自动向前滚动，右手持勾控制铁环运动方向。

1. 滚直线

控制铁环前进方向，使其保持在一条线上前进（图 15-6）。

图 15-6　滚直线

2. 内绕环

围绕障碍物进行顺时针练习（图 15-7）。

3. 外绕环

围绕障碍物进行逆时针练习（图 15-8）。

4. 绕杆练习

在一定距离竖立若干个杆子，手持铁环进行 S 形滚动前进（图 15-9）。

图 15-7　内绕环

图 15-8　外绕环

图 15-9　绕杆练习

5. 飞越障碍物

接近障碍物时，右手持柄稍用力向前下方插，使柄钩移至铁环正下方，随即提钩并前送，使铁环腾空越过障碍物（图 5-10）。

二、滚铁环易犯错误

（1）铁环钩过低：容易钩往前，但是铁环留在原地，不往前滚动。

（2）铁环钩过高：控制不住铁环的滚动方向。

（3）钩的方向不对：铁钩应该在铁环的侧后方而不是前部。

这些问题要求参与者多次练习原地右手持柄，将钩钩住铁环后下部，手柄稍向右斜，启动时左手平稳推铁环，让铁环慢慢立起来。

图 15-10　飞越障碍物

第三节　场地、器材和规则

一、场地

（一）标准教学场地

选平整运动场或空地一块，在场地上画两条相距 30～60m 的平行线，分别为起点线和折返线，然后进行滚铁环往返跑；也可以不画任何线，绕场地进行滚铁环循环跑。在教学中，我们可以因地制宜地利用篮球场、板鞋竞速场两头的端线，田径场的跑道，足球场端线、中线、中圈、罚球弧等进行实践教学。为了增加难度，也可以利用学校里一切运动设施，设置铁环滚动路线，增加挑战性，提高学生在不同难度环境下掌握滚铁环技术的控制能力。

（二）其他场地

平坦的路面、有适当坡度的草坡、地面都可以是滚铁环的练习和玩耍场地，对于滚铁环的高手来说，即使是崎岖的山路或凹凸不平的村巷、野外都可以成为他们的滚铁环的场地。另外，比赛场地可以根据比赛项目和学校实际情况来设置。

二、器材

滚铁环器材由一条手柄和一只铁环组成。手柄的一头是一个 U 形的铁钩子，另一头是握把，铁环则可以用铁条焊接而成（图 15-11），或者用竹片圈成一个圆环，然后用线在适当位置固定，使竹片成一圆环。

三、规则

由于滚铁环还没有加入民族传统体育运动会项目，还是民间民族传统体育项目，所以以游戏形式为主，没有明确的规则，一般予以游戏规则。

枪响开始计算，人与环以二者最后通过终点者停表计时。下列情况出现，可重推铁环继续参加比赛：

（1）起跑后或推环过程中，铁环倒地，但未出跑道，又未影响他人。

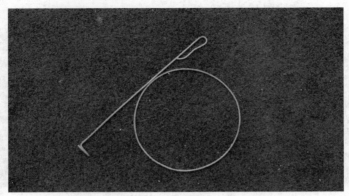

图 15-11　铁环和 U 形铁钩

（2）各种障碍没能顺利通过，但环未出跑道。

（3）铁环离开本跑道倒地，在不影响他人比赛的前提下，将铁环捡起后回到原跑道，在原跑道铁环偏离的地方作为起点重新参赛。

下列情况出现，均取消比赛录取资格：

（1）坏环 2 次。

（2）环推出本跑道，又影响他人。

（3）未能完成规定障碍者。

（4）铁环失控（即环与钩远离超过 30cm）。

（5）未在接力区完成传接任务。

（6）接力区内完成传递任务后，传铁环运动员协助或帮助接环运动员前进。

（7）禁止套环，禁止钩小环。

拓展阅读

童年拾趣——滚铁环

滚铁环是一种民间的儿童游戏，流行于 20 世纪 50—70 年代。孩子们手捏顶头是 V 形的铁棍或铁丝，推一个直径 60cm 左右的黑铁环向前跑。铁环是那个年代男孩子值得炫耀的宝物。拥有铁环非常风光。记得我们上学时，能把铁环从家一路滚到学校，铁环绕过各种障碍，甚至可以过水塘、上山坡、钻树林。

滚铁环的技术一学就会，易于掌握，亦能熟能生巧，但需保持快慢适中，太慢，铁环就会倒下去。铁环由两部分组成，一是圆圈，二是推动铁环前进的长柄。铁环的制作很简单，只要用胶钳将铁皮或铜线弯曲成圈即可。圆圈不可太大或太小，但尽可能做得圆一些，这样才有利于滚动。

手持着长柄，将其搭上铁环，手上的力量通过长柄的钩子传递到铁环上，促使铁环快速地滚动，人也随之快速奔跑起来。在这样既有强度，又有趣味的身体活动锻炼中，身体体质会随之增强，心理健康水平也会随之提高。因此，滚铁环是极好的青少年儿童游戏锻炼方式。

课后提升

1. 简述滚铁环的起源与发展。
2. 简述滚铁环的基本技术动作。
3. 简述滚铁环的易犯错误。

第十六章　珍　珠　球

 运动能力目标

1. 认识珍珠球的重要性，掌握珍珠球的基础知识、基本原理和运动技能。
2. 了解并运用珍珠球的规则。
3. 通过珍珠球的学习和锻炼，体能、灵敏性、力量及协调性等素质得到提高。
4. 观看珍珠球竞技比赛，能简要分析比赛过程中存在的问题。

健康行为目标

1. 通过珍珠球的学习，明确珍珠球的科学锻炼方法，踊跃参加珍珠球赛事，为培养良好的体育锻炼习惯奠定基础。
2. 通过躬身参与，深入理解珍珠球项目如何提高心理健康的内在机制，以此来实现情绪调控的目的，养成愈挫愈勇、积极乐观的良好心态。
3. 形成积极的体育态度，提高分析问题和解决问题的能力。
4. 感受珍珠球项目的趣味，学会健康体质的多种习练方法与手段，改善体形，保持良好的身体姿态。

体育品德目标

1. 通过珍珠球的学习，理解我国优秀文化对个人品德塑造的重要性。
2. 参与珍珠球比赛，增强团队协作意识和抗挫折能力，培养不屈不挠、勇于拼搏的精神。
3. 强化规则意识，培养平等互助、团结合作、公平竞争的优秀体育品德。
4. 了解珍珠球起源和发展史，增强民族传统文化自信，积极正向地宣传和发展民族传统体育文化。

 思维导图

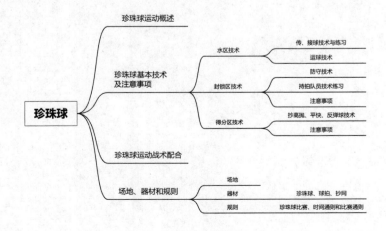

课前自学

第一节　珍珠球运动概述

"珍珠球"来源于采集珍珠的生产劳动，是我国满族人民的传统体育项目。"珍珠球"原名"采珍珠"，在我国满族不同聚居区有不同的叫法，如"踢核""采核""扔核""投空手""打司令"等，满语称作"尼楚赫"，即将珠子扔进筐里的意思。

珍珠球起源于渔民的生产劳动，最初的名字为"采珍珠"，最早出现在 14 世纪到 15 世纪居于东北地区的满族。采珍珠在当时被视为传统的生产内容，在满族人民的孩童游戏和体育活动中皆可以看到采珍珠的"身影"。具体的游戏方式为两个人的相互配合，一人在船上用抄鱼网去接另一人从河里抛上来的河蚌，在此过程中，其他船只进行外围干扰。抄的河蚌越多，寓意着来年采集的珍珠越多，象征着吉祥如意。珍珠球运动便在这种历史渊源中逐渐形成且兴盛起来。

珍珠球游戏距今约 300 年，其真正演变为民族传统体育项目之一，还得益于 20 世纪辽宁省群体工作者的不懈努力，从挖掘到进一步完善，继承满族民族传统的同时，不断地加以改良，最终得以跻身于民族传统体育项目行列。1984 年经北京市民族传统体育协会进一步挖掘整理，后又经过不断的演化，1991 年正式成为全国民族传统体育运动会的比赛项目，由于珍珠球与生活联系紧密，故每届全国民族传统体育运动会上都备受关注且很受欢迎（图 16-1）。

图 16-1　珍珠球运动

第二节　珍珠球基本技术及注意事项

珍珠球与篮球相比，比赛场地面积相仿，体积与重量都比篮球小，便于运动员控制和支配，围绕珍珠球运动的发展规律，结合珍珠球技术的特点，将珍珠球运动的基本技术分为水区技术、得分区技术和封锁区技术（图 16-2）

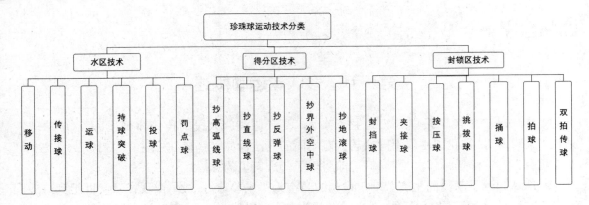

图 16-2 珍珠球运动技术分类

一、水区技术

1. 传、接球技术

传接球是水区队员在比赛中向对方场区推进的重要手段，通过传接球可以达到迅速将球转移，避开对方队员夹击防守，组织有效的进攻。其主要包括单手传球、双手传球和接球。

（1）单手低手抛球。单手持球于体前或体侧，传球时，前臂外旋，掌心向传球方向，前臂前摆，屈腕拨球，将球传出（图 16-3）。

图 16-3 单手低手抛球

（2）单手平推球。屈臂持球于胸前或体侧，掌心向外，伸臂扣腕将球传出（图 16-4）。

（3）单手头后传球。单手持球，单手持球引臂至肩上，翻腕掌心向传球方向，前臂屈摆扣腕将球传出（图 16-5）。

（4）双手胸前传球。双手持球于胸前，翻腕，双臂同时伸臂，然后抖腕拨指将球传出（图 16-6）。

（5）双手低手抛球。双手持球，前臂上摆，将球抛出（图 16-7）。

图 16-4　单手平推球

图 16-5　单手头后传球

图 16-6　双手胸前传球

图 16-7　双手低手抛球

（6）双手接低球。面对来球，屈膝下蹲伸臂，双手呈半弧形，掌心斜向上，触球后，双臂屈收于胸前（图 16-8）。

图 16-8　双手接低球

2. 运球技术

运球是珍珠球运动中一项最基本的技术，包括原地运球和行进间运球，是持球队员在原地或移动中，用单手连续拍按从地面反弹起来的球。

（1）原地高低运球。以肘为轴，上臂带动手掌一高一低按拍球的后侧上方（图 16-9）。

图 16-9　原地高低运球

（2）原地体前换手变向运球。一手按拍球的同侧上方，然后，另一手按拍球的另一侧的侧上方，在体前双手交替运球。

（3）运球急停、急起。急停时，用手按拍球的前上方，并跨步急停；急起时，后脚蹬地起动，按拍球的后上方。

（4）行进间不换手变向运球。欲先右向左移重心做假动作，球移至左侧前方，突然将球拉回右侧，并侧身快速突破对手。

二、封锁区技术

持拍防守队员在封锁区内，合理运用脚步移动和手臂（含器械）动作，利用封挡、夹接、按压、挑拨、捅球、拍球和双拍传球等技术阻挠对手的进攻意图及行动，拦截和破坏对方投、射向抄网，并以抢断球为目的的一项专门防守技术。

1. 防守技术

（1）挡球。当来球弧度较平、球速较快时，采用封挡球。举起球拍对住来球，当球触拍的一刹那，手腕前曲，球拍用力下压，将球挡落在水区内。所挡的球尽量挡给水区内己方队员，以组织快攻。

（2）夹球和传球。夹球和传球主要用于防高抛球（或来球弧度较平、球速较慢）时。准确判断落点，双手持拍伸出，双臂伸直，两拍成前宽后窄。接触球瞬间，两拍迅速夹拢将球夹住。

（3）捅球。当来球弧度高、速度快时，采用捅球。迅速起跳身体后仰，用球拍上沿对准来球，采用单拍上捅方式顺势改变球的路线，将球捅出界外破坏对方抄网。

（4）挑拨球。当投来反弹球时，应采用挑球。挑球时，用球拍对准来球，拍头朝斜下方，将球挑起，在球触拍的一刹那，顺势将球挑给水区内本方队员；当投来地滚球时，应采用拨球。拨球时，用球拍对准来球，拍头朝下，将球拨出封锁区，在球触拍的刹那，顺势将球拨给水区内本方队员。

2. 持拍队员技术练习

（1）持拍队员可先徒手练习动作。

（2）持拍队员持拍做无对抗性动作练习。

（3）其他队员练习射网动作时，持拍队员持拍防守，增加对抗性练习。

3. 注意事项

（1）在任何位置都有可能有射球的出现，所以封锁区的持拍队员要时刻紧盯场上局势，随时准备防守。

（2）持拍队员与抄网队员的位置和动作须紧密配合，这便要求防守队员的本体感觉以及空间感良好，能够随机应变。

（3）封锁区的队员要根据高度和远度来调整动作幅度，尽最大可能增加防守面积，还要避免踏线和出界。

三、得分区技术

得分区技术（又称"抄网员技术"）是通过跑、跳、移动以及和进攻队员默契配合，将球抄入网内得分的技术。根据球的飞行路线分为抄（接）高弧线球、直线球、边界外空中球、反弹球和地滚球等。

1. 抄高抛球技术

准确判断来球方向、落点，跳起，伸臂，运用不同的技术动作抄不同方位的球（正面高球、侧面前球、身后球）。

2. 抄平快球技术

抄平快球时，翻腕立网，网口对来球，伸臂迎球，迅速将水区队员射出的平快球抄入网内后，翻腕。

3. 抄反弹球技术

抄球时网面向下倾斜，进球瞬间旋转手腕，翻平网面，保证球完全入网。

4. 注意事项

（1）抄网队员既要身体素质好、反应快，又要与队友有很好的沟通、默契的配合以及与水区队员建立目光和信号联系等，抄网员技术的掌握和进攻队员的配合直接影响比赛的结果。

（2）抄网员技术的关键是手对网的控制能力，脚步移动的熟练程度以及手、脚的协调配合。

（3）抄网队员与持拍队员是对立关系，表现在对空间上最佳位置的争抢，相对而言，抄网队员在规则的加持下更占优势。需强调的是，抄网队员在应对封锁队员的同时，利用时间差和位置差主动创造抄球时机。

第三节　珍珠球运动战术配合

体育比赛的战术是指，在比赛中为战胜对手或为得到期望的比赛结果而采取的计谋和行为。不同运动形式的体育竞技的战术，应按照其项目的运动特点设计比赛战术，以赢得比赛的主动。根据珍珠球运动的特点，可分为水区队员的战术、持拍队员的战术、持拍队员与防守队员的战术、抄网队员与进攻队员的战术。

珍珠球的进攻战术同篮球的进攻战术较为相似，主要是在全场水区范围内利用进攻基础配合中的掩护、传切、突分、策应、快攻的各种固定配合。水区的范围相对比较大，可攻击点多，无固定的进攻位置。在发动进攻时，队员之间既要进行进攻战术基础配合，又要各自找好自己最佳的投篮位置，做到点面相结合，形成有效攻击阵形。

珍珠球防守与篮球最大的不同就是不采取区域联防，而是采取全场紧逼人盯人防守、半场扩大人盯人防守。在珍珠球比赛中，场上的任何一个位置都有可能投篮得分，在防守进攻队员的时候，要确保人随人动，在对方进行掩护或者利用其他进攻方式时，防守队员要及时准确地进行换防或协防，这就要求在防守时要有良好的防守意识，及早地识破对方的进攻意图，进行积极有效的堵截。

在珍珠球比赛中，场上的任何一个位置都有可能射球得分，因此，防守就要求技术全面且极具实效性。在进攻时，只要球可以射出，抄网队员就有机会抄中，进攻与防守存在必然关联。于是就要求在防守方面反复细化，不能有任何防守漏洞。脚步上形成包夹之势，尽可能限制进攻队员的位移，逼迫其传球。手臂的动作以阻碍或干扰其传球为目的。最要紧是阻止射球进攻，防守队员须始终"以防止球射出"为首要原则。这是在珍珠球比赛中经常使用且非常有效的防守方式。

第四节 场地、器材和规则

一、场地

珍珠球场地是一个空旷矩形平面，长和宽分别为 28m、15m，有颜色标识。场地两条端线和两条边线须用线条标出，测量场地时须从有色标识的边沿和边界线的内沿起测。所有界线统一为白色，线宽 0.5m。最长的两条界线称为边线，最短两条界线叫端线。

界线外约 3m 之内不允许存在任何实体障碍（包括所有观战球员），场顶距地面至少有 7m 间隔。场内设有限制区、封锁区、隔离区多个区域。每个区域都有特定颜色标识，限制区与隔离区的颜色必须保持一致，封锁区与得分区亦如此。有色区域的外沿代表各场区的界线。

场地各区域的规格为：得分区长 15m，宽 0.8m；隔离区长 15m，宽 0.4m（如果使用线条，线条也算在该区域内）；封锁区长 15m，宽 1m；限制区长 15m，宽 0.8m（如果使用线条，线条也算在该区域内）；水区长 22m，宽 15m。在场地上必须画出中圆和中线。中圈位于球场中心，直径为 3.6m。中线是连接两端线的中点，并与两端线平行。罚球点是一个直径为 10cm 的白色实心圆点，距离端线 7m，距离边线 7.5m。得分区和隔离区之间的边缘或线条称为得分线；隔离区和封锁区之间的边缘或线条称为隔离线；封锁区和限制区之间的边缘或线条称为封锁线；限制区和水区之间的边缘或线条称为限制线。在场地上显示各个区域时，得分线和隔离线应各向外延伸 2m。这些延伸部分应绘制成虚线，每段长 20cm 且间隔均匀。（图 16-10）。

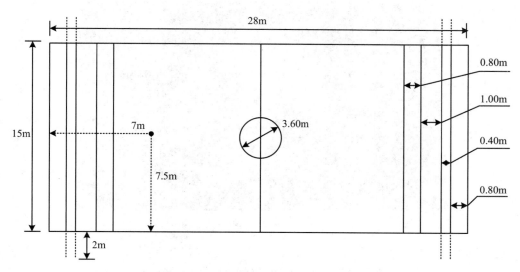

图 16-10 珍珠球比赛场地示意图

二、器材

（一）珍珠球

珍珠球由皮革或橡胶制成的外壳和内部的球胆组成，球的表面是白色，周长在 0.54～

0.56m 之间，质量为 0.3～0.325kg。一个标准的比赛用球应符合充气后自 1.8m（球的底部起测）的高度自由下落，触地反弹的高度为 1.2～1.4m（球的顶部起测）（图 16-11）。

图 16-11　珍珠球

（二）球拍

球拍形似蚌壳，由韧性较好的树脂制成，颜色与蚌壳一致。拍面部分长 35cm，宽 25cm，厚度为 30～50mm。球拍边缘被软质材料包裹，宽度约 40mm，厚度约为 20mm。拍柄为柱状椭圆形，长度为 0.15m，最大直径 40mm。球拍总长为 0.5m，质量为 0.39～0.41kg（图 16-12）。

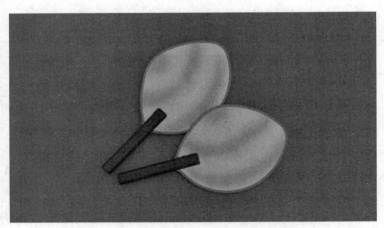

图 16-12　球拍

（三）抄网

抄网的形态为圆形，由金属条制成的网圈构成兜口。圈条的直径 0.4～0.6cm，兜口直径为 25cm。网兜采用细绳或尼龙绳编织而成，网深 30～35cm，网眼大小 3～3.5cm。为了更好地辨识，网兜的颜色通常为深色。另外，这种抄网还附带有一个椭圆柱形的网柄，长约 15cm，直径 3～4cm。总的重量 180～300g（图 16-13）。

图 16-13　抄网

三、规则

（一）珍珠球比赛

珍珠球比赛每场均由两个队参加，每队共计 7 名队员。在水区内，双方各有 4 名队员进行进攻或防守。进攻者可自由传球、拍球、滚球或运球，并将珍珠球投射向抄网得分区以获得分数，而防守者则需要阻挡对方的进攻并尽可能地避免对方得分。此外，每队还有 1 名队员持有抄网位于得分区内，试图抄队友投射而来的球（简称珍珠）。封锁区内有 2 名队员持有球拍，旨在阻止对方进攻从而防止对方得分。比赛结束时，获得更多分数的一方获胜。

（二）时间通则

1. 比赛期间

比赛分为上下两个半场，每个半场 15min，中间休息时间为 10min。

2. 比分持平与决胜期

如果在比赛下半场结束时双方得分相等，将会加一个 3min 的决胜期，直到一方获胜为止。必要时，可以延长多个决胜期，每个决胜期同样为 3min。在所有的决胜期中，比赛双方都按照下半场的攻击方向进攻，并且全队的累计犯规及罚则也将延续到每一个决胜期。在第一个决胜期开始前，主裁判要召集双方队长抛硬币以决定发球权，之后每打完一个决胜期后双方就会互换一次发球权。在下半场与第一个决胜期之间，将会休息 2min。在接下来的每个决胜期之间，双方只交换发球权而不休息。主裁判员将在中场发球并继续比赛。

3. 赛程计时器的操纵

比赛开始后，比赛计时钟开始计时。在下半场以及每个决胜期开始时，主裁判员将在中场发球，当裁判员鸣哨时跳球队员可以合法拍击球。如果球员在投（抄）球、掷界外球或点球后犯规或违例但主裁判未作出判罚，比赛将继续进行。如果球与水区内的球员接触，比赛也会继续。唯一会使得比赛停止计时的情况是球进入网内得分，但仅限于下半场的最后两分钟和所有的决胜期。

4. 25s 规则

在比赛过程中，除了中圈发球者以外的队员控制球时，该队必须在 25s 内完成进攻投球。完成进攻是指投出的球接触到抄网或被抄入网中，对方持拍队员阻挡在封锁区内且持网队员触球后无法再次触球。如果 25s 信号响起时球还在空中，球将被视为死球，并按照进攻队违例处理，同时失去球权。如果投球队员犯规，投出的球在空中而且 25s 信号响起，则这被视为 25s 信号错误的发出，并按犯规的罚则处理。若发生违例或犯规，25s 计时会停止，在一个新的 25s 周期开始之前，另一队获得球权。如果球出界并由原掌控球权的队伍掷界外球，那么在场上重新获得掌控活球后，25s 计时应该从比赛中断的时间点开始计算。

（三）比赛通则

1. 比赛开始

当某队的上场人数不足 7 人时，比赛不可以开始。每场主裁判将球交给中圈内的发球队员并伴随哨声响起，比赛正式开始。每半时与每一决胜期都要重复上述流程。所有的比赛在下半时要求双方交换场区和发球权，决胜期时只交换发球权。在比赛开始前 10 分钟左右，主裁判员召集双方队长用抛硬币的方法来决定发球权或场地的优先选择权，抛硬币获胜的一方可以优先选择发球权或场区。如选择了发球权，则对方就可以选择场区；反之，他若优先选择了比赛场区，则对方就拿到发球权。

2. 珍珠球得分

比赛过程中，持网队员在得分区内按规则抄中己方队员投来或持拍队员没有挡住的球，由裁判员判定得分。

整个球体在空中越过得分线及其延长虚线的垂直面，落在得分区边、端线以外地面之前，投射到拍网区域（封锁区、隔离区与得分区）地面上的反弹球，弹起后整个球体越过得分线的垂直面，落在得分区边、端线以外地面之前，当球抄入网后，在网中保持相对稳定的停留时间，裁判员确认得分有效。倘若球即使已入网，但很快就被弹出或甩出，则得分无效。抄球（包括点球）时，己方持网人员身体的任何部分（包括器械）不得在球入网前、中、后时期触及场地界线及其以外的区域。还有一种情况同样判定得分无效，即抄球入网时在得分区内，但因身体重心的不稳定而触及到了场地界线以外的区域。

3. 限制区规则

进攻队员不可以在限制区内发起进攻，防守队员也不可以在限制区内进行防守。无论原地还是在起跳之前都不能进入限制区中的任何区域。腾空投球或防投球落地时允许接触限制区，但应迅速退回水区。不能越过限制区、封锁区及得分区，此限制对越过边线外的限制、封锁和得分区同样生效。进攻队员只限于在水区内接球。水区队员不能将球回传给持拍队员，否则视为出界。违反以上规则为违例。若进攻队员在投球中犯规则判定为进攻队员违例，无论有没有投（抄）中，都不判给得分，并按照罚则处理。但防守队员违例的处理取决于球是否投（抄）中，中了则得分，反之按违例罚则处理。

4. 封锁区和持拍队员行为准则

比赛时，双方均有两名持拍队员，即封锁区队员。每位持拍队员双手各持一拍，可在封锁区内以阻挡、夹接、按压、挑拨等方式拦截欲入网之球，以达到防守目的。

持拍队员可正对或侧对水区（不可以面对持网队员），防守过程中亦不能将身体正对持网队员。其活动范围限定在封锁区内的所有区域。隔离区与得分区之间的分界线被视是立体的。防守时持拍队员身体的任何部位（含器械）不得越过得分线的垂直面进入得分区空间或触及得分区的地面，更不能进入得分区触及得分区内的球或与持网队员发生身体（含器械）接触。

5. 得分区队员或持网队员行为准则

比赛时，双方均只有一名分区队员，也就是持网队员。每名持网队员只能手持一个抄网，可在得分区内抄采来自己方队友投来或未被防住之球，球合法抄入网根据来球形式判定所得分数。持网队员的活动范围（包括器械）只限于得分区。

在正式比赛中，女队员身高不能超过 1.9m，男队员不能超过 1.95m。持网队员不得用除持网手外的臂、膝及以下身体部位接触球。在得分区内，持网手可连续触球，以确保球抄入网内并停留数秒。得分区与隔离区之间的界线被认为是立体的。持网队员身体的任何部位（含器械）不得触及隔离区地面，不得越过得分线的垂直面进入隔离区空间，不能接触身处隔离区内的球。在不会和持拍队员发生身体（包括器械在内）接触的前提下，允许持网队员手中的网的小部分越过得分区界限的垂直面去抄球体已全穿过的分区边界垂直面的球。得分区队员可以在规定区域内抄边、端线上空以及垂直面中的球。但抄边线上空的球时，球的位置仍受边线延长线的限制。持网队员身体（包含器械在内）的任何身体部位不得穿越得分线的垂直面与对方限制区内人员发生任何身体接触。

拓展阅读

比较珍珠球与篮球项目的异同

1. 珍珠球与篮球项目紧密的联系

由于在珍珠球运动发展的过程中参考了篮球的一些规则和技术，而且比赛场地的大小也是相同的，所以这两种比赛的竞赛特点是相似的，都是运用技巧、力量与智慧相结合的综合性的同场竞技类项目，都要求在高速度、高强度下进行配合来完成进攻或防守。同时篮球和珍珠球的基础都一样，所以篮球和珍珠球战术、跑位和规则别没有太大的区别，只存在出手动作与大小的区别。如果同学们有一定的篮球基础的话只要再改变一下出手动作，加强对珍珠球球性的了解就可以活跃在珍珠球赛场上了。

2. 珍珠球与篮球项目存在的差异

（1）由于珍珠球是由射手和抄网的运动员配合得分，所以它有自己独特的运动特点，具体如下：①珍珠球运动中持拍的运动员一般弹跳力强且身材高大灵活，这就比篮球运动又多了一道防线，可以说是易守难攻。②由于珍珠球的水池部分远小于篮球场，所以更加需要运动员提高攻防两端的速度，做到快速移动掌握好节奏。③由于珍珠球运动有独特的抄网手，所以得分都要围绕抄网手展开，一次一名优秀的抄网手是球队赢球的关键，抄网手的应变能力和身体素质（速度、弹跳、手感、身高）都直接影响到比赛的结果。

（2）比赛规则的异同。珍珠球竞赛规则：珍珠球是在长度为 28m、宽为 15m 的矩形场地上进行比赛的。场区划分为水区、限制区、封锁区和隔离区四个区域。每场比赛均有两支球队参加，每支队的场上参赛人数为 7 名。水区内进攻和防守均由双方球队中的 4 名场上人员负责，进攻队员在水区内可利用运球、传球、投球等一系列方式将球投入到抄网中。封锁区内由双方球队各派 2 名队员进行持拍拦截，得分区内由双方球队各派 1 名队员进行抄球。比赛场次分上半场和下半场，每个半场赛程持续 20min。比赛赛制通常为单循环。

两项运动的比赛规则相似，但由于是两项独立的项目所以都有各自的特点（表 16-1）。

表 16-1　篮球和珍珠球比赛规则的对比

项目	规则				
篮球	3s 违例	5s 违例	8s 违例	24s 违例	球回后场
珍珠球	无	无	无	25s 违例	无

尽管篮球和珍珠球的技战术和规则很相似，但还是有区别的，所以在日常训练和比赛中运动员们应该：

（1）提高自己的分析和辨别能力，分析两项运动的差异，在训练和比赛中克服这些干扰；

（2）戒骄戒躁，通过长时间的训练将篮球的技术迁移过来；

（3）依据每位运动员的身体素质和技战术特点合理安排场上位置，使其更充分地迁移技术。

课后提升

1．简述珍珠球运动的起源与发展。
2．珍珠球的基本技术动作有哪些？
3．珍珠球的战术有哪几种？

第十七章　舞　龙

 运动能力目标

1. 认识舞龙的重要性，掌握舞龙的基础知识、基本原理和运动技能。
2. 了解并运用舞龙的规则。
3. 通过舞龙的学习和锻炼，体能、灵敏性、力量、耐力及协调性等素质得到提高。
4. 观看舞龙竞技比赛，能简要分析比赛过程中的存在的问题。

 健康行为目标

1. 明确舞龙对身体机能的积极影响，通过参与校内外舞龙活动，养成坚持体育锻炼的良好习惯。
2. 理解舞龙对心理的重要影响，通过舞龙过程实现情绪调控，培养积极应对挫折的乐观心态。
3. 形成积极的体育态度，提高分析问题和解决问题的能力。
4. 深切感受舞龙的趣味，学会体能训练的科学方法且投身实践，改善体形，保持良好的身体姿态。

 体育品德目标

1. 通过舞龙的学习，理解我国优秀文化对个人品德塑造的重要性。
2. 参与舞龙比赛，增强团队协作意识和抗挫折能力，培养不屈不挠、勇于拼搏的精神。
3. 形成规则意识，培养尊重他人、公平竞争的优秀品质。
4. 了解舞龙起源和发展史，增强民族传统文化自信，积极正向地宣传和发展民族传统体育文化。

思维导图

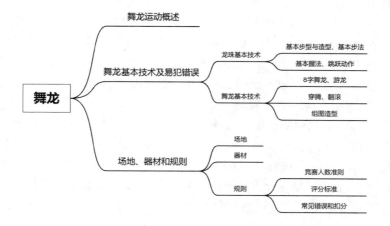

课前自学

第一节　舞龙运动概述

舞龙又称"龙舞""龙灯"，是中华民族传统的体育项目，历史底蕴深厚，古往今来深受人们的青睐。舞龙寓意着喜庆、愉悦，其技艺动作极具观赏性，运动形式独一无二，是民族传统体育文化中的瑰宝（如图17-1）。

图 17-1　竞技舞龙

龙是中华民族的图腾，是中华民族立于世界民族之林的标志象征。先民时代，龙作为自诞生伊始就与风、雨有着密切关系的动物，常常在或旱、或涝的季节里，被先民以精神寄托去表达消除涝灾的内心诉求。另外，祈雨历代以来便是人们常进行的祭祀仪式，龙也就很自然地就走入了祭祀的仪式中，乃至成为祭祀的主角。《汉书·西域传》："遭值文、景玄默，养民五世，天下殷富，财力有余，士马强盛……设酒池肉林以飨四夷之客，作巴俞都卢、海中杨极、漫衍鱼龙、角抵之戏以观之"是关于舞龙的最早记载，认为舞龙起源于汉代的"鱼龙漫衍"之戏。

两千多年来，舞龙运动一直成为民间百姓吉庆的重要娱乐活动。根据古老的民风民俗，舞龙是春节和上元节的庆祝活动。一些民族在二月二耍舞宝龙，三月三则舞草龙。以广东浦北县为例，中秋节之夜以舞蕉叶龙为主，而香港铜锣湾仲秋之夜以舞火龙为主，除此之外，每年正月十一在广西南宁会举行的炮龙节更是将舞龙奉为重要民俗。其寓意美好和气势恢宏，能为观众呈现一场非同一般的视觉盛宴。在国家体育总局领导下，通过挖掘整理和举办各种舞龙比赛，使民间传统舞龙习俗活动发展成为集舞龙、技巧、艺术等为一体的群众体育活动。同时，它也成为当前我国推行全民健身计划的重要体育运动之一。

1995年1月"国际龙狮总会"及同年七月"中国龙狮会"的相继成立，中国的龙狮运动得到迅猛的发展。自中国龙狮协会成立以来，先后出台了《中国舞龙舞狮竞赛规则》和《国际舞龙舞狮竞赛规则、裁判法》，创编了中国舞龙竞赛规定套路（第三套），增设了技能三项舞龙。已成功地举办了八届全国舞龙锦标赛、五届农运会舞龙比赛，五届世界舞龙锦标赛、二届亚洲室内运动会以及上百余次的舞龙精英赛、国际龙狮邀请赛等，我国的龙舞在多次的技术研讨会后逐渐与国际接轨，技术渐趋规范化，并且不断走上竞技舞台。

第二节　舞龙基本技术及易犯错误

一、龙珠基本技术

（一）基本步型与造型

1. 弓步

左脚向前上一大步，脚尖微内扣，大腿屈膝半蹲接近水平；右腿伸直，脚尖内扣；右手持龙珠举于体侧，目视前方（如图 17-2）。

2. 半马步

右脚向侧横跨一步，左脚脚尖朝外，身体侧对前方，两腿屈膝半蹲，大腿接近水平，目视龙珠（如图 17-3）。

图 17-2　弓步

图 17-3　半马步

3. 丁步

右腿支撑，左脚面绷直，脚尖虚点地。两手持龙珠平端于胸前，目视左前方（如图 17-4）。

4. 提膝

右腿伸直支撑，左腿屈膝提起，脚面绷直，并垂扣于右腿前侧。两手持龙珠上举于头上，目视左前方（如图 17-5）。

图 17-4　丁步

图 17-5　提膝

（二）基本步法

1. 圆场步

两手持龙珠。两脚沿圆形路线连续向前行步，脚跟先着地，然后逐步过渡到脚掌，两脚依次交替，行进间完成（如图 17-6、图 17-7）。

图 17-6　圆场步 1　　　　　　　　　　　　　图 17-7　圆场步 2

2. 矮步

两手持龙珠。两腿屈膝半蹲，两脚向前行步，脚跟先着地，然后逐步过渡到脚掌，两脚
依次交替，行进间完成（如图 17-8、图 17-9）。

图 17-8　矮步 1　　　　　　　　　　　　　图 17-9　矮步 2

（三）基本握法

1. 端龙珠

两手持龙珠，手臂微屈，使龙珠杆端平与胸同高（如图 17-10）。

2. 举龙珠

两手持龙珠上举，使龙珠竖直立于体侧，目视前方（如图 17-11）。

图 17-10　端龙珠　　　　　　　　　　　　　图 17-11　举龙珠

（四）跳跃动作

1. 旋风脚

右手后背龙珠，右脚上步起跳，上体向左上方翻转，右脚与左掌空中完成里合击向动作，左腿自然下垂（如图 17-12、图 17-13）。

图 17-12　旋风脚 1　　　　　　　　　　　图 17-13　旋风脚 2

2. 旋子

两手持龙珠。左脚向左上步，身体平俯向左摆动，随即左腿蹬地起跳腾空，两腿随身体向左平旋，上体平俯抬头，右左脚先后依次落地（如图 17-14）。

3. 侧空翻

两手持龙珠，上步助跑，左脚蹬地起跳，上体向下摆动，右腿腾空前踢、下挂、落地，左腿也随之向上甩摆、下落，两脚先后依次落地（如图 17-15）。

图 17-14　旋子　　　　　　　　　　　　图 17-15　侧空翻

二、舞龙基本技术

（一）8 字舞龙动作类

要求：队员间的距离要适中，龙体运动轨迹要圆顺，人体造型姿态要优美，快舞龙要突出速度、幅度、力度。每个 8 字舞龙动作左右舞龙不少于 4 次（图 17-16～图 17-21）易犯错误：龙体不流畅、前后把位衔接不协调。

图 17-16　原地 8 字舞龙 1

图 17-17　原地 8 字舞龙 2

图 17-18　直趟 8 字舞龙 1

图 17-19　直趟 8 字舞龙 2

图 17-20　靠背站腿 8 字舞龙 1

图 17-21　靠背站腿 8 字舞龙 2

主要代表性动作见表 17-1。

表 17-1　8 字舞龙动作分类

8 字舞龙动作难度分类	代表性动作内容
基本动作	原地 8 字舞龙、行进 8 字舞龙、单跪舞龙、套头舞龙、搁脚舞龙、扯旗舞龙、靠背舞龙、横移（跑）步舞龙、双杆舞龙（4 次）、靠背蹬腿舞龙、坐背舞龙、站背舞龙、跪步行进快舞龙、抱腰舞龙、绕身舞龙、双人换位舞龙、快舞龙磨转、连续抛接龙头横移（跑）步舞龙、跳龙接一跪一躺舞、屈膝躺腿舞龙
难度动作	跳龙接摇船舞龙、跳龙接直躺舞龙、依次滚翻接单跪快舞龙、挂腰舞龙（2 人、3 人、4 人）、站肩舞龙、直体躺肩（或躺腿）舞龙、滚地行进舞龙、单手撑地快舞龙、K 式舞龙（3 人一组）、站腿舞龙、靠背蹬腿舞龙（3 人一组）

（二）游龙动作类

要求：依托龙体在行进过程中的蜿蜒起伏，彰显龙扭转盘旋、左右翻腾、曲直交替的鲜明特征，如单侧起伏、圆场起伏等动作（图 17-22、图 17-23）。易犯错误：龙体不流畅、龙体不合理擦地、动作脱节。

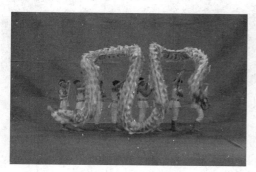

图 17-22　单侧起伏 1　　　　　　　　　　图 17-23　单侧起伏 2

主要代表性动作见表 17-2。

表 17-2　游龙动作分类

游龙动作难度分类	代表性动作内容
基本动作	快速曲线起伏行进、快速顺逆连续跑圆场、起伏行进、单侧起伏小圆场、直线（曲线、圆场）行进越障碍、快速矮步跑圆场越障碍、快速跑圆场、骑肩双杆起伏行进
难度动作	站肩双杆行进（6 次以上）

（三）穿腾动作类

要求：龙体的运动轨迹纵横交错，龙珠、龙头、龙节依次从龙身下穿过或越过，称为"穿越"，龙珠、龙头、龙节从龙身上空依次飞过，称为"腾越"，如腾身穿尾、快腾进等动作（图 17-24～图 17-27）。易犯错误：队员配合不一致，队员相撞，龙体不流畅，塌肚、脱节。

图 17-24　快腾进 1　　　　　　　　　　图 17-25　快腾进 2

图 17-26　快腾进 3　　　　　　图 17-27　快腾进 4

主要代表性动作见表 17-3。

表 17-3　穿腾动作分类

穿腾动作难度分类	代表性动作内容
基本动作	穿龙尾、越龙尾、首尾穿（越）肚、龙穿身、龙脱衣、龙戏尾、连续腾越行进、腾身穿尾、穿尾越龙身、卧龙飞腾、穿八五节、首（尾）穿花缠身行进
难度动作	快速连续穿越行进（3 次以上）、连续穿越腾越行进（各 2 次以上）

（四）翻滚动作类

要求：龙体连续运动轨迹依次为立圆、斜圆及平圆，彰显龙腾翻越的浩大之势。龙体成立圆或斜圆状连续运动，龙身运动到舞龙者的脚下时，舞龙者迅速向上腾起，称之为"跳龙动作"，龙体同时或依次做 360° 翻转，运动员利用滚翻、手翻等方法越过龙身，称之为"翻滚动作"（图 17-28～图 17-31）。易犯错误：节奏拖沓、队员配合不协调、翻滚动作不标准、起身时附加支撑。

图 17-28　螺旋跳龙 1　　　　　　图 17-29　螺旋跳龙 2

主要代表性动作见表 17-4。

（五）组图造型动作类

龙体在动态过程中呈现出的图形或造型，如五星、龙舟等造型动作（图 17-32～图 17-34）。易犯错误：龙体不饱满、图案不明显、造型连接与解脱不紧凑、解脱不利索，形象不逼真。

图 17-30 螺旋跳龙 3

图 17-31 螺旋跳龙 4

表 17-4 翻滚动作分类

翻滚动作难度分类	代表性动作内容
基本动作	龙翻身、快速逆（顺）向跳龙行进（2 次以上）、连续游龙跳龙（2 次以上）、大立圆螺旋行进（3 次以上）、双杆斜盘跳龙（3 次以上）
难度动作	快速连续斜盘跳龙（3 次以上）、快速连续螺旋跳龙（4 次以上）、快速连续螺旋跳龙磨转（6 次以上）、快速左右螺旋跳龙（左右各 3 次以上）、快速连续磨盘跳龙（3 次以上）、快速连续首尾跳龙（4 次以上）、连续起伏跳龙行进（3 次以上）

图 17-32 五星造型

图 17-33 龙舟造型

图 17-34 中字造型

主要代表性动作见表 17-5。

表 17-5 组图造型动作分类

组图造型动作难度分类	代表性动作内容
基本动作	龙门造型、塔盘造型、尾盘造型、曲线造型、龙出宫造型、蝴蝶盘花造型、组字造型、龙舟造型、螺丝结顶造型、卧（垛）龙造型、龙尾高翘寻珠、追珠造型、龙翻身接滚翻成造型、单臂侧手翻接滚翻成造型
难度动作	大横 8 字花慢行进（成型 4 次以上）、坐肩后仰成平盘起伏旋转（2 周以上）、站肩高塔盘造型自转一周、首尾站肩盘柱造型、龙头站肩立柱平盘起伏圆场 2 周以上

第三节 场地、器材和规则

一、场地

竞赛场为 20m×20m 的正方形（特殊情况下场地面积不能少于 18m×18m），要求地势平坦，空旷，场区边线宽 5cm，内沿为竞赛场区，外缘至少 1m 宽无障碍区。

二、器材

舞龙器材主要有：龙珠、龙头、龙身、龙尾以及鼓乐等。其中：龙珠的球体直径至少 30cm，杆高（含珠）高度至少 1.7m；龙头质量至少 2.5kg，杆高（含龙头）至少 1.85m；龙身必须为 9 节，通体呈圆筒形，直径至少 33cm。龙体至少 18m，龙身杆高（含龙身直径）至少 1.6m。

三、规则

（一）竞赛人数准则

（1）竞赛人员分为三类分别为：领队、教练员、运动员。

（2）舞龙参赛人数的规定：

1）每支龙队的总人数不能大于 13，其中含领队和教练各 1 人，运动员 11 人（包括替补和伴奏人员）。

2）传统项目参赛人数由主办单位在竞赛规程中规定。

3）参赛运动员必须身体健康，并经医院体检合格。

（二）舞龙评分标准

1. 舞龙规定套路评分标准（满分为 10 分）

（1）动作规格（7 分）。

龙的形态饱满，技术方法合理，步型、步法规范等圆满完成套路全部动作给予满分。

出现与规格要求不符，每出现一次轻微、明显以及严重失误分别扣 0.1 分、0.2 分和 0.3 分。

（2）艺术表现（3 分）。

运动员神态演示丰富逼真，具有较强的艺术感染力等视完成情况给予 0.5~1 分。

编排结构合理，情节生动，主题鲜明，动作新颖；龙饰、服饰制作精良，器材设计独特，视完成情况给予 0.5～1 分。

音乐伴奏与舞龙动作紧密配合，协调一致，风格独特，乐曲完整，很好地烘托舞龙气氛，视完成情况给予 0.5～1 分。

2．舞龙自选套路评分标准（满分为 10 分）

（1）动作规格（5 分）。

龙的形态饱满，技术方法合理，步型、步法规范等圆满完成套路全部动作给予满分。

出现与规格要求不符，每出现一次轻微、明显以及严重失误分别扣 0.1 分、0.2 分和 0.3 分。

（2）艺术表现（3 分）。

运动员神态演示丰富逼真，具有较强的艺术感染力，视完成情况给予 0.5～1 分。

编排结构合理，情节生动，主题鲜明，动作新颖；龙饰、服饰制作精良，器材设计独特，视完成情况给予 0.5～1 分。

音乐伴奏与舞龙动作紧密配合，协调一致，风格独特，乐曲完整，很好地烘托舞龙气氛，视完成情况给予 0.5～1 分。

（3）动作难度（2 分）。

舞龙自选套路难度动作要求 10 个（含创新难度），完成套路全部动作要求给予 1.5 分，每少 1 个扣 0.1 分。

超出难度动作要求 10 个以上者，每超出一个难度动作，加 0.05 分，超出两个难度动作加 0.1 分，以此类推，最高加 0.5 分。

（三）舞龙常见错误和扣分

1．舞龙动作规格的常见错误和扣分

（1）轻微错误（每次扣 0.1 分）。

1）龙体轻微打折。

2）龙体运动与人体动作轻微脱节。

3）人体造型动作不到位。

4）躺地、超立时有附加支撑。

（2）明显失误（每次扣 0.2 分）。

1）龙体运动各节速度不统一，出现塌肚或脱节现象。

2）龙体运动幅度不统一，出现不合理的擦地。

3）队员失误相撞，碰踩龙身、龙杆，龙体，出现短暂的停顿。

4）队员上肩、上腿、搁脚、骑肩、迭背、滚背、挂腰等技术动作失误或滑落。

（3）严重失误（每次扣 0.3 分）。

1）动作失误，龙体出现不合理打结。

2）运动员动作失误倒地。

3）运动员动作失误脱把。

2．裁判长扣分

（1）出界。运动员出界或踩线，每次扣 0.1 分。

（2）时间。不足或超出规定时间 1～15s，扣 0.1 分；不足或超出规定时间 15.1～30s，扣

0.2 分；依此类推。

（3）规定套路漏做、添加、改变动作。凡是出现漏做动作、添加动作和改变动作顺序、线路、方向，每出现一次扣 0.3 分。

（4）重做。

1）运动队因客观原因，造成比赛套路中断，可重做一次，不予扣分。

2）运动员受伤、器材损坏、伴奏音乐等主观原因造成比赛套路中断，经裁判长许可，可申请重做，安排于该赛次最后做一次，扣 1 分。

（5）违例。

1）参赛队员每超过 1 人，扣 0.5 分。

2）舞龙自选套路登记表迟交者，扣 0.1 分。

3）礼仪违例（每出现一次扣 0.5 分）。

4）夜光舞龙，龙珠和运动员服饰与龙杆（佩戴号码除外）有夜光效果，违者扣 0.5 分。

5）场内运动员佩戴号码不整齐，扣 0.3 分。

6）规定套路队员与自选套路队员不一致，出现替换（每人扣 0.5 分）。

拓展阅读

民间舞龙——广西炮龙节

舞龙是中国传统的民族体育艺术形式，也被称为大龙舞、龙灯舞或耍龙灯。广西壮族自治区南宁市宾阳县因"炮龙节"（简称炮龙）而闻名，根据宾阳县志得知，明清到民国的《宾阳县志》中没有关于炮龙的任何史料。直到 1987 年版的《宾阳县志》才记载："舞炮龙是芦圩镇群众特有的一种传统舞龙形式"。炮龙具体始于何时，至今无从考证。

据说"炮龙节"始于清朝年间，至今已有 300 多年的历史。其来源在宾阳当地有好几种传说。

第一种传说：1664 年，广东卢氏三兄弟因为谋生，由广东水花门楼搬迁到宾阳芦圩镇，后来卢氏长者思乡强烈，就把他们家乡正月十一舞炮龙的民俗移植到宾阳，由此，"炮龙节"成了宾阳独具特色的地方性传统节日。

第二种传说：正月十一，宾阳当地有个"灯酒节"，在"灯酒节"举行舞龙活动，以求人丁兴旺。因为时间正与"炮龙节"的时间农历正月十一相吻合，所以认为"炮龙节"可能由此而来。图 17-35 为 2023 年正月十一晚宾阳舞炮龙。

第三种传说：据史料记载，北宋皇祐年间，广西壮族首领侬智高起兵反宋，攻占邕州（今南宁市）。狄青受命南下讨伐侬智高，于公元 1053 年底到达宾州（今宾阳）。侬智高在昆仑关一带凭险死守。官军久攻不下。狄青知道强攻不可能取胜，于是想出了一个麻痹侬智高的计谋：正月十一这天全城张灯结彩，居民提前过元宵节。当天夜里，城里鼓乐喧天，鞭炮齐鸣，龙狮劲舞。侬智高放松了戒备，而狄青则在众人欢宴之时，暗中引领两千轻骑，连夜绕到昆仑关背后，兵分两路，拂晓突然发动袭击，侬智高措手不及，只好弃关撤走。由于用计获胜，人们便每年定期舞龙表示纪念。

图 17-35　2023 年正月十一晚宾阳舞炮龙

三种传说哪一种更贴切？从以下两个方面看，第一，舞炮龙为什么在元宵节前举行？第二，舞龙何以会与燃放鞭炮合二为一？似乎宋代狄青军队的舞龙演变成今天的"炮龙节"这一说法较为合理，它不仅回答了舞炮龙何以在元宵节前举行，也较好地解释了舞龙为什么与燃放鞭炮结合在一起。

由舞炮龙来源的三种传说可以得出，舞炮龙具有丰富的文化寓意，但宾阳当地流行一句顺口溜："舞炮龙，行好运；取龙珠，生贵子；窜龙肚，除灾难"。"舞炮龙，行好运"体现了通过舞炮龙将往年的"晦气"弹烧而尽，来年带来好运气的祈求；舞龙时，龙的前方有两颗龙珠引路。红色的叫财珠，暗含了发财行大运的寓意；五色的叫引珠又叫含珠，暗示人丁兴旺的意思，所以"取龙珠，生贵子"。当地人有这么一种说法，凡是成功钻过龙肚者能带来一年的平安吉祥，这就是"窜龙肚，除灾难"。还有说法：如果是年轻情侣携手钻龙肚，今生肯定能喜结良缘。若能剪得龙须系于畜栏上则家畜兴旺，剪得龙皮则五谷丰登，据此很多观看舞龙的观众，多乘此时抱着小孩钻龙肚，祈求在新的一年里小孩能够快乐长大，聪明机灵、健康无恙。

课后提升

1. 简述舞龙的起源与发展。
2. 民间舞龙的形式有哪些？
3. 舞龙的基本技术有哪些？

第十八章　舞　狮

 运动能力目标

1. 认识舞狮的重要性，掌握舞狮的基础知识、基本原理和运动技能。
2. 了解并运用舞狮的规则。
3. 通过舞狮的学习和锻炼，体能、灵敏性、力量、耐力及协调性等素质得到提高。
4. 观看舞狮竞技比赛，能简要分析比赛过程中存在的问题。

 健康行为目标

1. 深刻认识舞狮对锻炼身体的至关重要性，积极参与学校和校外的舞狮活动，逐步培养运动意识和习惯，以促进身心健康。
2. 掌握舞狮对心理的积极影响，学会情绪调节，以积极的心态面对挑战和失败，保持乐观的心态。
3. 塑造积极的体育态度，培养分析和解决问题的能力，以促进个人全面发展。
4. 积极参与各类体育运动，掌握多样化的体育技能，促进身体健康发展，保持优美的体态。

 体育品德目标

1. 通过舞狮的学习，能理解我国优秀文化对个人品德塑造的重要性。
2. 参与舞狮比赛，增强团队协作意识和抗挫折能力，培养不屈不挠、勇于拼搏的精神。
3. 在舞狮比赛中，树立相互尊重、诚实守信的价值观，培养公平竞争的意识和行为准则，以确保比赛的公正性和公平性。
4. 了解舞狮起源和发展史，增强民族传统文化自信，积极正向地宣传和发展民族传统体育文化。

思维导图

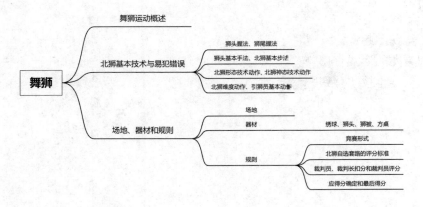

课前自学

第一节 舞狮运动概述

千百年来，象征着吉祥、欢乐的舞狮运动深受广大人民群众的喜爱，其形式多样，内容丰富。每逢元宵佳节或集会，舞狮在锣鼓音乐的伴奏下，做出狮子的各种雄伟、勇猛、威严的形态动作，以祈望生活吉祥如意，事事平安，这是一项凝聚着中国传统文化精髓的民间运动，彰显着中华民族的独特魅力（如图18-1）。

在汉代之前，中国并未出现狮子，然而在中国的传统文化中，龙、狮子和麒麟皆为神话中的生灵。在我国古代，它们被作为祥瑞之物受到推崇和崇拜。唐代著名高僧慧琳在《一切经音义》中写有："狻猊即狮子也，出西域"；明代医学家李时珍在《本草纲目》中也记有："狮子出西域诸国"；晚清学者文廷式考证则更为详细："狻猊即狮子，非中国兽也。"毋庸置疑，狮子乃是源自西方之地的。在汉代，中国开启了连接东西方的贸易之路，为两国之间的文化交流开启了大门。《后汉书》有关于最早贡狮的记载："汉章帝章和元年，月氏国献狮子；二年，安息国献狮子。"随着朝代的更替，狮子的供奉在汉代以后被记录下来，直至1678年，葡萄牙使节在清朝进贡非洲狮子。

从历史上看，人们对狮子最初是敬重与崇敬、继而对狮子的外貌、动作与举止也开始效仿，到三国时期已进入舞狮高潮。南北朝时，随着佛教的崛起，舞狮也开始得到了发展，"狮子文化"也逐渐形成，并流传至全中国。有关舞狮起源的记载见诸多种史料。《汉书·西域传》载有："乌戈山离国王有挑拨师子、犀牛，师子即狮子，此是百戏化装，非真兽。"就此我们可以推断，狮子舞在汉代时期就已经在西域盛行了。《汉书·礼乐志》中提到了"象人"，根据三国文献的解释，即是扮演成"鱼、虾、狮"的艺人。

南北朝时周舍所作的《上云乐》中有"狮子""胡舞"的记载。不过，在当时并不称其为舞狮，而是称其为"太平乐"，这在《旧唐书·音乐志》中有记载："太平乐，后周武帝时造，亦曰五方狮子舞，缀毛为狮，人居其中，像其俯仰驯狎之容。二人持绳秉拂，为习弄之状。五狮子各立其方位，百四十人歌太平乐。"

《新唐书·礼乐志》有记载："戏有五方狮子，高丈余，各衣方色，每一狮子有 12 人，戴红抹额，衣画衣，执红拂子，谓之'列狮子郎'，舞太平乐曲。"试想唐朝皇宫中狮子翩翩起舞之盛况。

1995 年见证了中国龙狮运动协会和国际龙狮运动联合会的诞生，经过国家体委的认可，该运动被正式纳入国家比赛项目之中。1996 年又被列入全国农民运动会正式比赛项目。近 20 年来，龙狮运动遍及全国 30 余个省（自治区，直辖市），组织的规模正在扩大，龙狮协会的会员组织到目前已遍布 26 个国家达 31 个组织，国内，广东、江苏、上海等地相继成立龙狮协会组织，各地的龙狮团体也纷纷加入到当地的龙狮协会和分会，正逐步形成了一个自上而下的组织网络。中国龙狮协会先后举办过全国性比赛 60 余次，国际性比赛 20 余次，并且还定期举行农民运动会龙狮比赛、全国龙狮锦标赛、国际龙狮邀请赛、体育大会龙狮锦标赛和全国龙狮精英赛等赛事活动。随着不断的标准化和创新，放风筝和舞狮已经从一种流行的娱乐项目发展成为一项带有健身元素的竞技项目。本章主要以北京体育大学龙狮队（以下简称"北狮"）为具体个案进行技术探讨。

图 18-1　北京体育大学龙狮队参加第十二届全国舞龙舞狮锦标赛

第二节　北狮基本技术及易犯错误

一、狮头握法

两手紧握头圈嘴巴下摆的关节处，以便于控制嘴巴张合（图 18-2、图 18-3）。

图 18-2　狮头握法 1

图 18-3　狮头握法 2

二、狮尾握法

（1）双手扶位：狮尾队员双手虎口朝上，大拇指插入狮头腰带，四指并拢握住狮头队员腰带（图 18-4、图 18-5）。

（2）单手扶位：狮尾队员单手扶拉狮头队员腰带，另一手扶拉狮被（如图 18-6）。

（3）脱手扶位：狮尾队员双手松开狮头队员腰带，扶拉狮被两侧下摆（如图 18-7）。

图 18-4　双手扶位 1

图 18-5　双手扶位 2

图 18-6　单手扶位 1

图 18-7　脱手扶位 2

三、狮头基本手法

（1）摇：双手握狮头，交替做上下回旋动作，手的运动路线成立圆（图 18-8、图 18-9）。

图 18-8　左摇

图 18-9　右摇

（2）点：双手握狮头，以肩部为轴上下摆动，幅度 30°为宜（图 18-10、图 18-11）。易犯错误：点头角度过大，狮子视线偏低。

（3）摆：双手握狮头，上左步时狮头摆至左侧，重心放置左腿；行走时右侧动作与之相同，方向相反（图 18-12、图 18-13）。易犯错误：摆头位置与身体朝向脱节。

（4）错：双手握狮头，向右侧拉狮头做亮相动作，右手与腰同时发力摆置身体左侧，呈半马步，重心放置右腿；左侧动作与之相同，方向相反（图 18-14～图 18-17）。易犯错误：动作发力不顺畅、路线不准确、狮头与身体朝向不一致。

图 18-10　点 1

图 18-11　点 2

图 18-12　摆 1

图 18-13　摆 2

图 18-14　错 1

图 18-15　错 2

图 18-16　错 3

图 18-17　错 4

（5）叼：一手握狮头，另一手用肘关节托狮头，手伸至狮嘴中央处拿绣球（图 18-18、图 18-19）。

图 18-18　叼 1　　　　　　　　　　　　图 18-19　叼 2

四、北狮基本步法

（1）行步：狮头、狮尾队员重心微蹲，迈步时狮头与狮尾出脚相反，节奏一致（图 18-20、图 18-21）。易犯错误：节奏脱节、狮身驼背。

图 18-20　行步 1　　　　　　　　　　　图 18-21　行步 2

（2）跑步：要求同行步相同，节奏要快。

（3）盖步：狮头与狮尾队员同时左脚经右脚前先向右跳扣步，同时右脚向右半马步亮相（图 18-22、图 18-23）。

图 18-22　盖步 1　　　　　　　　　　　图 18-23　盖步 2

（4）错步：狮头与狮尾队员同时向身后45°斜后方向，先左脚后右脚同时退步（图18-24、图18-25）。

图18-24　错步1　　　　　　　　　　　　图18-25　错步2

（5）碎步：狮头与狮尾队员同时向左（或右）小步平移，节奏快速一致（图18-26、图18-27）。

图18-26　碎步1　　　　　　　　　　　　图18-27　碎步2

（6）颠步：狮头与狮尾队员按逆时针方向跳步行进，狮头、狮尾出脚相反，步伐协调一致（图18-28）。

图18-28　颠步

五、北狮形态技术动作

（1）亮相：狮头队员偏右（或左）马步让狮头从右（或左）下来上，到左（或右）下来摆，同时狮尾队员作左（或右）半马步的配合（图18-29、图18-30）。易犯错误：头尾配合不一致，狮头与身体朝向不一致。

图 18-29　亮相 1

图 18-30　亮相 2

（2）卧势：狮头队员双腿张开夹角为 90°坐势，腿的大小角为 130°，狮头队员吸气时从左上至右下，向前摆转，呼气时狮头队员让狮头从右上向左下，向后摆转；同时狮尾队员的右手撑在地面上，左手一手牵扶狮头队员的腰带成侧倒的姿态，随着吸气动作的进行左手肘关节缓缓上提，呼气时则缓缓下降（图 18-31、图 18-32）。

图 18-31　卧势 1

图 18-32　卧势 2

（3）高举（90°、180°）：狮头原有地震脚发出信号，向上跳跃，头部略向后领起，躯干和下肢在空气中呈"V"形，双脚面崩平；狮头队员原地起跳时狮尾队员借势向上，双臂伸直，落体时狮尾队员退步让狮头队员直立落体，左右摆头出场（图 18-33、图 18-34）。易犯错误：狮头重心靠前、头尾合力不顺畅、狮头落地缓冲不足。

图 18-33　预备式

图 18-34　高举

（4）侧滚翻：狮头队员原来地震脚发出信号，狮头、狮尾队员同时滚到左侧（或右）上，狮头队员应先转动狮头后再滚，狮尾队员滚的时候单手抓囊（图 18-35～图 18-38）。易犯错误：狮囊离身、翻滚方向偏移。

图 18-35　预备式

图 18-36　侧滚翻 1

图 18-37　侧滚翻 2

图 18-38　滚翻后定式

（5）金狮直立：狮头成员就地向上跳跃，抬膝并脚尖向外伸展，而狮尾成员则借力向上抬起，让狮头成员的脚外侧面顺肋滑入大腿，狮尾以马步撑地（图 18-39、图 18-40）。易犯错误：狮头缓冲不足、狮尾马步偏高。

图 18-39　预备式

图 18-40　金狮直立

（6）金狮独立转体 180°：金狮直立动作后，狮头队员做单腿提膝动作，狮尾队员以支撑腿脚跟为轴，带动狮头队员原地转体 180°（图 18-41、图 18-42）。

图 18-41　金狮独立

图 18-42　金狮独立转体 180°

（7）舔：狮头队员半马步亮相，使狮头道具张嘴向肋部、大腿、小腿自上而下分三次推出；狮尾队员配合节奏左右晃动尾部（图 18-43、图 18-44）。

图 18-43　舔 1

图 18-44　舔 2

（8）啃：狮头队员半马步亮相，重心下移呈扑步，狮头顺脚面向上经大腿、肋部左右抖动 6～8 次上拉；狮尾队员同时也变扑步配合节奏左右晃动尾部（图 18-45、图 18-46）。

图 18-45　啃 1

图 18-46　啃 2

（9）挠：狮头队员做完舔的动作后，拧腰转头使狮头后脑向斜下方，等狮尾队员抬起一只脚放在脑后时，同时摇头晃脚 4～6 次（图 18-47）。

（10）甩尾：狮头亮相预备，先向右后回摆狮头，然后向左甩头，接右里合腿扣至左腿外侧，落地后转腰拧胯带动狮尾队员上步，起跳腾空落至狮头队员身后，亮相（图 18-48～图 18-52）。

图 18-47 挠

图 18-48 甩尾 1

图 18-49 甩尾 2

图 18-50 甩尾 3

图 18-51 甩尾 4

图 18-52 甩尾 5

六、北狮神态技术动作

（1）愣相：拉狮头面向身体左侧做轻微预摆，然后由斜上 45°方向摆至身体左侧，动作幅度要小（图 18-53）。

（2）美相：使狮头做上下回旋，身体配合要协调（图 18-54、图 18-55）。

（3）惊相：狮子卧式，引狮员拍击狮子后脑，狮头狮尾队员顺势同时起身，狮头向左下摆头亮相（图 18-56～图 18-59）。

图 18-53　愣相

图 18-54　美相 1

图 18-55　美相 2

图 18-56　惊相 1

图 18-57　惊相 2

图 18-58　惊相 3

图 18-59　惊相 4

（4）怕相：双手握狮头，两手腕内收，向下做轻微回旋动作，然后由下至上将狮头慢慢抬起（图18-60～图18-63）。

图18-60　怕相1

图18-61　怕相2

图18-62　怕相3

图18-63　怕相4

（5）急相：双手做前后交替回拉动作，随之双脚与狮尾队员同时做急速震脚动作，要低。

七、北狮难度动作

（1）单狮高台坐肩上，引狮员钳腰狮身转动720°（图18-64）。

图18-64　北狮难度动作

（2）双狮举起，向左或向右旋转 360°。

（3）双狮高台甩狮尾 720°。

（4）双狮高台坐肩交叉，平躺，旋转 1080°。

（5）双狮平台 360°接转体 180°甩尾的高台。

（6）双狮向四方 270°的高台膜拜。

（7）双狮高台 180°左右飞跃，直立脚。

（8）双狮高台甩尾飞跃 180°接甩尾飞跃 180°接狮尾转动 360°。

（9）双狮高台飞跃 180°接转体 360°直站脚。

（10）双狮狮头在平台，狮尾在地面翻身 360°下地。

八、引狮员基本动作

（1）基本步法：弓步、马步、扑步、高虚步、提膝、圆场步等步法。弓步抱球如图 18-65 所示。

（2）难度动作：引狮员后空翻下高台，引狮员蹿子后手翻接后空翻坐狮等动作。

图 18-65　弓步抱球

第三节　场地、器材和规则

一、场地

舞狮比赛场地为边长 20m 的正方形（在特殊情况下，最小边长不应小于 18m），要求场地平整，线宽 0.05m，其边缘至少有 1m 的无障碍区；在地面上测得最小无障碍区是 8m（如图 18-65）。

二、器材

（1）绣球：球体直径不少于 0.3m，颜色、图案不限（图 18-67）。

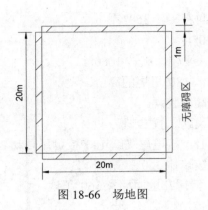

图 18-66　场地图

图 18-67　绣球

（2）狮头：形象逼真，除装饰，狮头正面高不小于 0.46m，宽不小于 0.56m，前后长不小于 0.66m，颈部不少于 5 个铃铛，铃铛直径不小于 0.05m（图 18-68）。

（3）狮被：狮子全身都为覆盖形，狮毛又滑又匀。两只狮子身上一定会有不同颜色或者不同斑纹；狮衣、狮裤要与狮被一致；狮鞋为狮爪型面覆盖（图 18-69）。

图 18-68　狮头

图 18-69　狮被

（4）方桌：方桌宽 1.5m，高 0.8m；高台（多层方桌）高度最高不超过 3m，最低（两层）不低于 1.6m（图 18-70）。

图 18-70　方桌

自选套路的方桌、条案等器材不得添加饰物；其他器材以规范美观为主，体现文化特色。

三、规则

（一）竞赛形式

（1）按竞赛类型可分为单项赛、全能赛。

（2）按性别可分为男子组、女子组。

（3）按年龄可分为成年组（18 周岁以上，含 18 周岁）、少年组（12～17 周岁，含 12 周岁）、儿童组（不满 12 周岁）。

（4）按竞赛成绩可分为等级赛。

（5）按竞赛项目可分为规定套路、自选套路、传统项目、技能项目和其他项目。

（二）北狮自选套路的评分标准（满分为 10 分）

1. 动作规格（5 分）

（1）姿势正确，方法合理，配合协调，技术熟练，出色完成套路全部动作给予满分。

（2）与动作规格有差距者，严重失误每出现一次扣 1 分；明显失误每出现一次扣 0.5 分；轻微失误每出现一次扣 0.3 分。

2. 艺术表现（3 分）

（1）凡神态丰富逼真，主题情节突出，编排巧妙，服饰得体，精神饱满，音乐伴奏与动作紧密配合，有很好的艺术表现力给予满分。

（2）凡完成套路动作与要求轻微不符的，视完成情况，在 2.5 至 2.9 分之间给分。

（3）凡完成套路动作与要求明显不符的，视完成情况，在 2.0 至 2.4 分之间给分。

（4）凡完成套路动作与要求严重不符的，视完成情况，在 1.5 至 1.9 分之间给分。

（5）凡完成套路动作与要求完全不符的，视完成情况，在 1.4 分以下给分。

3. 动作难度（2 分）

（1）北狮难度动作要求 5 个（含创新难度），圆满完成者给予 1.5 分，每少 1 个扣 0.1 分。

（2）超出难度动作要求 5 个以上者，每超出一个难度动作，加 0.1 分，超出两个难度动作加 0.2 分，以此类推，最高加 0.5 分。

（三）裁判员扣分

（1）凡在规定时间内没有完成套路动作，中途退场者不予评分。

（2）轻微失误（每出现一次扣 0.3 分）。凡在器械上出现失足；上腿出现滑足超过膝盖以下；上器材时器材损坏或倒下；狮头、器材相撞、磕地；造型动作静止时间不足 3 秒；引狮员跌倒（跪、坐）于台上或地上。

（3）明显失误（每出现一次扣 0.5 分）。狮头、狮尾其中一方出现跪地、附加支撑。

（4）严重失误（每出现一次扣 1 分）。狮头、狮尾均跌于台上或地上；狮头、狮尾其中一方跌落于桩上或地上并且人狮分离。

（5）其他失误（每出现一次扣0.1 分）。任何服饰、装饰脱落；任何乐器、引球掉地上。

（四）裁判长扣分

1. 时间

参赛时间超出或不足扣分：不足或超过规定时间 1～15s 扣 0.1 分；不足或超过规定时间 15.1～30s 扣 0.2 分；依此类推。

2. 重做

凡因客观原因造成比赛中断，经裁判长允许可重做一次，不予扣分；凡因运动员失误、受伤，器材损坏等主观原因造成比赛中断者，可申请重做，扣 1 分。

3. 规定套路漏做，添加、改变动作

凡是出现漏做动作、添加动作和改变动作顺序、线路、方向，每出现一次扣0.3 分。

4. 出界

比赛时，队员踩线或出界，以及器材抛出场外，每出现一次扣 0.1 分。

5. 违例（每出现一次扣 0.5 分）

参赛队员每超过或少于 1 人；高台、桩阵高度、圆盘直径等与标准规定不符；布置场地时间超出规定；礼仪违例；自选套路登记表迟交者；提示违例；规定套路队员与自选套路队员不一致，出现替换。

（五）裁判员评分

（1）北狮比赛属技能类、表现性，由裁判员评分的竞分性集体竞赛项目。

（2）裁判员评分有 5 人评分制、7 人评分制、9 人评分制三种方法（均设 1 名值班裁判员）。

（3）评分裁判员根据运动队现场发挥的技术水平，根据北狮评分规则标准，在各类错误中减去相应扣分，所剩部分即为该队的得分。

（六）应得分的确定

（1）5 名或 7 名裁判员评分，取中间三个有效分值的平均值为运动队的应得分。

（2）9 名裁判评分时，取中间 5 个有效分值的平均值为运动队的应得分。

（3）应得分只取小数点两位（小数点后第三位数不作四舍五入）。

（七）最后得分

裁判长依据规则，从运动队应得分数中扣除第二十四条"裁判长扣分"所规定的扣分，即为该队最后得分。

拓展阅读

舞狮——田阳壮族舞狮的起源

关于田阳壮族舞狮的起源则主要体现在壮族神话中，在《辞海》对神话的定义是："神话是反映古代人们对于世界起源、自然现象及社会生活的原始理解的故事和传说。它并非现实生活的科学反映，而是由于古代生产力很低，人们不能科学地解释世界起源、自然现象和社会生活的矛盾变化，借助想象和幻想把自然力拟人化的产物。神话往往表现了古代人民对自然力的斗争和对理想的追求。古代希腊神话对欧洲文学发展起了很大作用。"布洛陀神话是壮族人广为流传的一个传说，这一传说的特点决定其文化特征鲜明。"神话不仅与仪式、巫术有着密切的联系，而且神话与古代制度、人性特点、民族属性、生活习俗等等人类社会的文化现象和文化制度都存在着联系。"壮族的布洛陀神话对研究壮族历史、文化、遗产等人类学，社会学范畴内的学者都具有十分重要的意义。与此同时，壮族人的布洛陀神话从侧面体现出布洛陀文化的特征，对于布洛陀信徒来说是非常有价值的。所以，布洛陀人神话作为布洛陀文化生存的组成部分，一方面是壮族传统文化中的精神核心，同时又能为今后壮族文化建设打下基础。对布洛陀田阳壮族神话舞狮来源众说纷纭。其内容之一为：农冠品拟举行庆祝仪式，其在《壮族神话集成》中搜集到许多壮族民间传说、神话，包括田阳舞狮来历神话传说等，得出田阳舞狮与壮族丰收庆典相关。

一年之中，壮民偶然得到五谷丰登、六畜兴旺的好结果，百姓眉飞色舞，外出歌舞庆祝丰收。布洛陀看到后喜出望外，马上制造大鼓，擂起鼓给儿孙们助兴。"咚咚咚"鼓乐齐鸣，壮民闻鼓齐鸣，四面八方聚集在大鼓四周，载歌载舞，热闹非凡。鼓声惊起林中狮子，首先是一只雄狮，昂首阔步地飞奔过来，仅三五下便穿过不少山沟，向大鼓疯狂地舞着，距离大鼓有 200m 左右。接下来的母狮和小狮也来了，看到巨大公狮的许多壮民，有点吃惊，停下来看"拉乍"，离鼓大约有 3km 远。三只狮子各自从西向东坐着，面对着鼓，他们抬起头，向前跃去。当人们看到这一幕时，他们更加高兴地跳舞，布洛陀用尽全力敲打鼓，七天七夜，他们与狮子和人们一起跳舞，发出很大的声音。壮族祖先唱够了，跳够了，布洛陀一挥手，人们就散开了，各回各家。但三只狮子还不过瘾，布洛陀再次按了一下手，大地就动了起来：鼓变成了丹霞山，山顶是一个向东缓缓倾斜的平面，周围散落着数百块石头，就像鼓槌一样；三只狮子变成了三个小石堆，先跳到鼓下的雄狮变成了"洞水"狮山，雌狮变成了"拉查"狮山。母狮变成了"拉查狮山"，位于今天的六合村白水屯旁边，距离丹霞山西边约3km，小狮子则在母狮右边的坡脚下定居。因此，我们可以看到这一带的所有山头，除了敢壮山和三座狮子山，如今都是岩石。从那时起，壮族人每年春天都会聚集在党项山上唱歌，随着时间的推移，党项山逐渐成为一个歌亭。后来，壮族人把舞狮作为一种庆祝方式，直到今天，壮族人在节日和其他庆祝活动中都会表演舞狮和舞龙，以示庆祝。

关于田阳壮族舞狮的起源还有第二种说法，那就是田阳潘敏文提出的抵抗说，称壮族舞狮起源于壮族人对野生动物的抵抗。据传说，在古代，田阳的深山老林中生活着许多野生动物，尤其是老虎和豹子，它们在夜间出来觅食，而人、牛和家禽是它们的主要猎物。据说，敢壮山附近养狗场和那里的养猪场经常在夜间遭到老虎和豹子的猎杀，前一天晚上有两三只小狗失踪，第二天就有两三只小猪失踪，这种情况并不少见。有一天，一只老虎吃掉了一个叫"铁尼"的女孩。铁尼非常漂亮，并爱上了布洛陀的第九个儿子。人们非常伤心，但又非常绝望，于是组织了一次狩猎，以阻止野兽的攻击。然而，这种方法只在白天起作用，在晚上不起作用。动物的眼睛很亮，在晚上可以看得很清楚，但人在晚上看不清楚，无法应付动物。到了晚上，人们在大雷庄山附近点起了火，几个大汉装扮成狮子，像狮子一样跳舞，大喊大叫，把野兽吓跑。舞狮活动只在敢壮山附近进行，后来在其他有野生动物的地方也进行了舞狮活动，野生动物袭击的次数明显减少。关于田阳舞狮的起源，两个壮族的传说和神话有很大的不同。一个说，壮族起源于丰收的庆祝活动，是表达喜悦的重要消遣方式；另一个说，壮族起源于与野兽的斗争，是一种生存技能。无论起源于庆祝、娱乐还是反抗，它们都是在布洛陀的指导下进行的，并被纳入了布洛陀文化体系中。

课后提升

1．简述舞狮的起源与发展。
2．北狮的难度技术有哪些？
3．北狮竞赛中的评分标准是什么？

第十九章　柔　力　球

 运动能力目标

1. 认识柔力球的重要性，掌握柔力球的基础知识、基本原理和运动技能。
2. 了解并运用柔力球的规则。
3. 通过柔力球的学习和锻炼，体能、灵敏性、力量及协调性等素质得到提高。
4. 观看柔力球竞技比赛，能简要分析比赛过程中存在的问题。

 健康行为目标

1. 理解柔力球对健康的重要性，积极参加校内外柔力球项目，逐步形成体育锻炼意识和习惯。
2. 了解和体验柔力球活动对心理的积极影响，学会调控自己的情绪，积极应对挫折和失败，保持良好的心态。
3. 形成积极的体育态度，提高分析问题和解决问题的能力。
4. 享受运动乐趣、掌握多种体能训练方法、积极参加各种体能练习，改善体形，保持良好的身体姿态。

 体育品德目标

1. 通过柔力球的学习，理解我国优秀文化对个人品德塑造的重要性。
2. 参与柔力球比赛，增强团队协作意识和抗挫折能力，培养不屈不挠、勇于拼搏的精神。
3. 遵守柔力球竞赛规则，相互尊重、诚实守信，有公平竞争意识及行为。
4. 了解柔力球起源和发展史，增强民族传统文化自信，积极正向地宣传和发展民族传统体育文化。

 思维导图

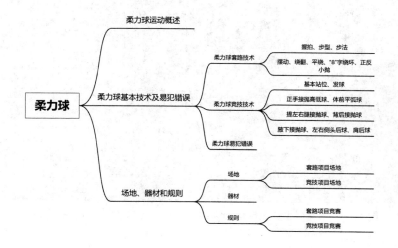

课前自学

第一节　柔力球运动概述

柔力球由山西大学体育系白榕老师首创，是集传统太极运动方式和现代竞技的双重特点于一体，吸取太极拳运动"刚柔相济、以柔克刚"拳理拳技的一项文化内涵深刻、哲理深刻的体育项目，以深厚而优秀的历史文化遗产作为背景，确立了"先引后发，引进合出，借势打力"这一基本运动思想。柔力球运动作为一个新兴的民族体育项目，在祖国的高校遍地开花。

2003 年国内兴起一股参加柔力球的运动热，北京市 21 世纪体育教材编委会，将柔力球项目列入中小学体育课选修教材。2006 年 5 月 22 日，时任国务院总理的温家宝在北京菖蒲河公园向正在中国进行访问的德国总理默克尔介绍柔力球运动的玩法，更使这一典型的"中国式运动"起到了促进两国政治交流的作用，同时也为柔力球运动走向世界提供了一个极好的契机。

2008 年北京市民族传统体育协会开始推广柔力球运动，并把柔力球列为第 8 届北京市民族传统体育运动会表演赛项目；北京体育大学柔力球代表队参加第 9 届全国少数民族传统体育运动会表演项目（图 19-1），最终获得了一等奖。4 年间举办了多次全国柔力球教练员培训班，还举办了全国柔力球邀请赛。2010 年国家体育总局社会体育指导中心开始推广柔力球运动，举办全国培训班，统一比赛规则，并举办了首届全国柔力球大赛，把柔力球运动提升到了一个新的高度。迄今为止，我国有北京体育大学、武汉体育学院、西安体育学院、华中师范大学、浙江工业大学、内蒙古师范大学、武汉理工大学、武汉科技大学、厦门大学、沈阳体育学院等共 50 余所院校开展柔力球运动。

图 19-1　第九届少数民族运动会柔力球比赛（北京体育大学代表队）

第二节　柔力球基本技术及易犯错误

一、柔力球套路技术

（一）握拍、步型、步法

1. 握拍方法

（1）正握法：右手以拇指、食指第 1 指节指腹部位相对捏于拍把平行于拍面的 2 个宽面上，余指按自然屈伸顺序扣捏，拍把尾巴靠着手掌小鱼际，手心要空着，这样球拍才能在手里轻松地转动（图 19-2）。

（2）侧握法：大拇指与食指第一指节指腹部位各捏于拍柄两侧，大拇指贴于拍柄一侧，与拍柄呈一直线，余指自然屈伸顺势握住，掌心要空出，以便球拍在手中自如运转（图 19-3）。

图 19-2　正手正握

图 19-3　正手侧握

2. 步型

步型包括弓步、马步、虚步、歇步、丁步等。

3. 步法

步法包括上步 、退步 、横移步、旋转步等。

（二）摆动、绕翻、平绕、"8"字绕环、正反小抛

（1）摆动：并步站立，左手扣球，右手持拍。左手经头上弧线抛球，同时左脚开步，右手持拍接球。左右摆动，高度略高于肩，拍框垂直于地面。左手随右手自然摆动，目随拍走（图 19-4、图 19-5）。

图 19-4　向左摆动

图 19-5　向右摆动

（2）绕翻：以正绕翻为例。并步站立，左手扣球，右手持拍。左手经头上弧线抛球，同时左脚开步，右手持拍接球。左右摆动规格与前者相同，左右手臂绕环，目随拍走（图19-6、图19-7）。

图19-6　正绕翻1　　　　　　　　　　　　　图19-7　正绕翻2

（3）平绕：并步站立，左手扣球，右手持拍。左手经头上弧线抛球，同时左脚开步，右手持拍接球。左右摆动规格与前者相同，左臂与右臂交叉，目随拍走（图19-8、图19-9）。

图19-8　头上平绕1　　　　　　　　　　　　图19-9　头上平绕2

（4）"8"字绕环：并步站立，左手扣球，右手持拍。左手经头上弧线抛球，同时左脚开步，右手持拍接球。右手持拍在身体两侧由下向上做"8"字绕环。做左侧动作时身体左转45°，左手同时合于右前臂下；做右侧动作时左手向下、向前、向上弧形撩出，目随拍走（图19-10、图19-11）。

图19-10　正"8"字绕环1　　　　　　　　　　图19-11　正"8"字绕环2

（5）正反小抛：并步站立，左手扣球，右手持拍。左手经头上弧线抛球，同时左脚开步，右手持拍接球，左右移动，两侧高度略高于肩。右手持拍，分别在两侧向外翻转 180°接球，纳球，引化，立拍抛出。左手随右手，目随拍走（图19-12～图19-15）。

图19-12　正反小抛1

图19-13　正反小抛2

图19-14　正反小抛3

图19-15　正反小抛4

二、柔力球竞技技术

（一）基本方法

1. 基本站位

（1）正手站位：正手拿拍时接抛体右前方来球站位法。朝向对方时，两脚自然张开，比肩宽稍大，左脚在前，右脚在后，两膝屈膝稍向内扣合，身体重心位于两脚中间。右手持拍自然置于身体的右上方（图19-16、图19-17）。

图19-16　侧面示范

图19-17　正面示范

（2）反手站位：反握球拍接抛体左侧来球法。面对对方时，双脚自然张开，稍宽于肩部，右脚向前，左脚向后，膝盖弯曲稍向内扣紧，重心置于双脚之间。右手持拍置于右腿的左前方（图19-18、图19-19）。

图 19-18　正面示范　　　　　　　　　　　图 19-19　侧面示范

2. 发球

正手基本站位，左手拿球，右手持拍，左手将球由身体的前方向后上方抛出，右手持拍迎球，从球的侧面将球纳入拍中，带球由后上至前下方做高入低抛的弧形引化动作，将球顺势抛出（图19-20～图19-23）。

图 19-20　发球 1　　　　　　　　　　　图 19-21　发球 2

图 19-22　发球 3　　　　　　　　　　　图 19-23　发球 4

（二）基本技术

1. 正手接抛高球

接抛球过程中，要根据来球方向和速度适时调整位置，使球点在体右前方，持拍手臂以肩为轴心，向右前方突出迎球，球与球拍接触时，快速顺势后移经右侧后上和右侧后下做弧形引化并由人体右侧前下将球甩出（图19-24～图19-27）。

图 19-24　正手接抛高球 1

图 19-25　正手接抛高球 2

图 19-26　正手接抛高球 3

图 19-27　正手接抛高球 4

2. 正手接抛低球

正手接抛低球的正握拍在来球时球点在身体右前侧下，持拍手臂以肩为轴心，右前侧下伸出迎球并在球接触球拍时击球，快速顺势向右后 45°方向弧形引化，通过右前方上方将球掷出（图19-28～图19-31）。

图 19-28　正手接抛低球 1

图 19-29　正手接抛低球 2

图 19-30　正手接抛低球 3

图 19-31　正手接抛低球 4

3. 体前平弧球

（1）体前右侧拉球。正握住球拍并把接球点放在身体前方偏左的位置。小臂向外旋转并向左向前下延伸迎球，出球时拍面应垂直于地面。球进入球拍时快速向体前右侧作水平弧形引化和向体右侧择向抛球（图 19-32～图 19-35）。

图 19-32　体前右拉球 1

图 19-33　体前右拉球 2

图 19-34　体前右拉球 3

图 19-35　体前右拉球 4

（2）体前左拉球。正握球拍使接球点在身体前方偏右的位置。小臂内旋并向右前下伸击球迎球，出拍时拍面应垂直于地面。拍头侧着地，球进入球拍时快速向体前方左侧做弧形引化动作，同时向体左侧择向抛球（图 19-36～图 19-39）。

4. 提右腿接抛球

正握住球拍接抛球的接球点放在右前。持拍臂出拍迎球时左脚先上步半步形成支撑腿，右腿向上抬起，把传入球拍内的球从右腿外弧形引化到右腿下方甩出。

图 19-36　体前左拉球 1

图 19-37　体前左拉球 2

图 19-38　体前左拉球 3

图 19-39　体前左拉球 4

5. 提左腿接抛球

正握住球拍接抛球的接球点放在右前。持拍臂出拍迎球时右腿先上步半步形成支撑腿、左腿抬起，顺势把传入球拍内的球通过左腿内侧面作弧形引化向腿部下方抛出。

6. 背后接抛球

将接球点置于身后右侧下方。接球时拍头向下，球入拍后，腿、腰整体蹬转，带动持拍臂围绕身体的纵轴转动，使球拍经体后至身体左侧将球抛出。

7. 腋下接抛球

正握住球拍接抛球的接球点放在身体的左边。引球入拍时，右脚左前跨半步，体左转体90°左右，侧身攻击方向，左臂弯曲肘部向上抬起。引球进拍时顺势引化至左后方，通过背后让球抛离左侧腋下。

8. 右侧头后球

正握球拍，将球点置于头部右侧位，两腿和腰同时蹬转，带动球拍围绕头部转动。在球拍转到头部左侧时，将拍内的球向前抛出。

9. 左侧头后球

正握球拍，将球点置于头部左侧位。小臂外旋，引球入拍后顺势向头后做水平弧形引化，右脚向左前跨上半步，身体侧转，将球从左侧肩上抛出。

10. 肩后球

正握球拍，将接球点置于身体的右侧前方。引球入拍后，在身体的整体带动下，向右后旋转约180°，将球从身体右侧肩后抛出。

三、柔力球易犯错误

（1）握拍时持拍臂无法做到所要求的松弛程度，呈现出僵硬的特点，导致握拍过紧，不利于对持拍角度的调整。训练过程中，一些初学者的食指伸出，并紧紧贴合于球拍把手，增大手指承重负担，虎口握拍把的力度过大，且五指有并拢问题，增大球拍转动难度，在训练初学者时，需注重正确握拍方法，并加强细节动作的教学，做好纠正。

（2）站位时两脚、两膝没有微屈内扣或者双脚与地面接触面积过大，未做到脚跟与地面的分离，不利于接球时的移动。组织初学者开展站位、移动交替训练，有助于固定初学者站位方式，避免运动过程中不规范动作的出现。

（3）发球时挥拍后未立即做出弧形引化动作，只是将击球作为动作目标，导致击球动作僵硬、不协调等。一些初学者为提高球速，故意省去弧形引化动作，突然加速完成击球动作。教练须积极落实专项辅助训练，为初学者讲解"8"字抛球法，以保证球入拍角度的精准性，并实现全身整体用力，从而完成有效发球。

（4）做旋转动作时未对转动轴进行固定，导致运动过程中出现多次位移，无法做到全身力量的集中，致使所发出的球失去威慑力。须做好旋转技巧的训练，确保所有动作均处于相同的转轴与同-半径圆弧上，要求初学者在训练场或场外进行多次训练，以此提高每次旋转的正确性，并在潜移默化中养成平面旋转习惯，确保各动作均在相同圆弧中进行。

第三节　场地、器材和规则

一、场地

（一）柔力球套路项目竞赛场地

（1）比赛场地呈长方形，面积为 260cm×160cm，周围有白色标志和边线，是比赛场地的组成部分（如图 19-40）。

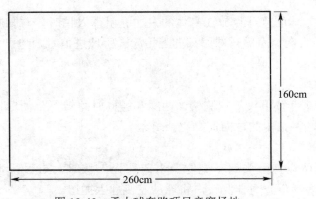

160cm

260cm

图 19-40　柔力球套路项目竞赛场地

（2）比赛场地地面或地胶平整，无涩味和滑腻感，可以设置专用背景板。

（二）柔力球竞技项目竞赛场地

（1）场地应呈长方形，以 4cm 宽的线条绘制（图 19-41）。

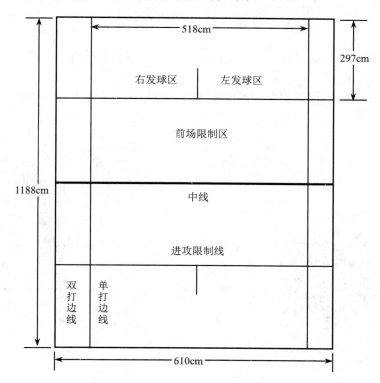

图 19-41　柔力球竞技项目竞赛场地

（2）线的颜色应是白色、黄色或其他容易辨别的颜色。

（3）所有线条均为定义范围内的一部分。

（4）网下将两条边线中点相连的线是中线，两侧场区距离中线 297cm 处有一条平行线作为限制线，限制线至中线的面积作为限制区。

（5）比赛中的限制线可无限制地拉长，叫进攻限制线，是前场的限制区域。

（6）两侧场地限制线后 297cm 至端线间的面积为发球区，单打场地宽度为 518cm，双打场地宽度为 610cm。单打场地限制线后方至端线范围内为单打发球区、双打场地限制线后方及端线范围内是双打发球区。

二、器材

（一）球

（1）球体应为圆形（图 19-42），直径为 6.8cm±0.1cm。

（2）球的总重量为 55g±2g，球内沙砾不得超过 30g。

（3）球面材料是塑胶或者塑料的，可采用光面或者凹凸花纹面的材料（凸起高度不应大于 0.03cm）。

（4）一场比赛所用的球须是同一个品牌。

（二）球拍

（1）球拍包括拍柄、拍杆、拍颈、拍框和拍面（图19-43）。

（2）球拍的长度（由拍框、拍杆、拍颈、拍柄等组成）为 47～55cm，宽度不应大于 23cm。

（3）拍框环绕整个拍面呈圆形，拍框的内缘呈外翻 45°对称斜面；拍框还可以由圆柱组成，圆柱直径不得大于 1cm。

（4）拍面光滑，用软而富有弹性的橡胶或者塑胶制作而成，厚度不超过 0.1cm。

（5）球拍水平摆放时，拍面中心应是下垂最低点，最低点距拍框水平面不应大于 1cm。

图 19-42　球

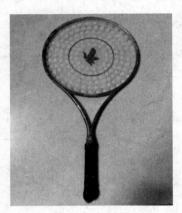

图 19-43　球拍

三、规则

（一）柔力球套路竞赛

1. 竞赛项目

集体套路：6～12 人；组合套路：3～5 人；双人套路：男双、女双、混双。

单人套路：男单、女单。

2. 评分办法

（1）比赛以裁判员单独评分、裁判长当众展示最终评分的形式进行。成套动作满分为 10 分，裁判员的评分精确到 0.1 分，最后得分精确到 0.01 分。

（2）裁判员得分除去一个或两个最高分及一个或两个最低分外，中间三个或五个平均分就是得分，然后扣除裁判长判罚减分就是最终得分。

（3）对于最终的比赛结果及结果，不予受理投诉。

（4）中间分的差距不得超过以下规定：

9.5 分不高于 0.2；9.0～9.5 分不大于 0.3；8.5～9.0 分不得超过 0.4；8.5 分下不大于 0.5。

（5）如大于 4 则必须以基分为最终分值。基分计算：平均中间分加裁判长判分。

3. 规定套路评分标准

（1）动作的完成 7 分。

（2）艺术表现和团队精神 3 分。

4．自选套路评分（10 分制）

（1）动作设计得 3 分。

（2）动作完成得 4 分。

（3）动作艺术性，表现力，一致性与规范 3 分。

（二）柔力球竞技项目竞赛

1．竞赛项目

根据比赛需要，设男子单打、女子单打、男子双打、女子双打、男女混合双打。

2．挑边

（1）开赛前裁判应主持挑边队，获胜一方从①或②中作出抉择。

1）选择先发球还是先接发球。

2）选在拟定场地内的一场区或者其他场区内开始比赛。

（2）输的一方，只能选择余下的一项。

3．比赛结果的判定

（1）除非另有规定，一场比赛以三局两胜定胜负，先胜两局的一方为胜一场。

（2）除规则（4）和（5）的情况外，先得 15 分的一方胜一局。

（3）对方"违例"或球触及对方场区内的地面成死球，则该方胜这一回合并得一分。

（4）14 平后，领先得到 2 分的一方胜该局

（5）19 平后，先到 20 分的一方胜该局。

4．交换场区

（1）以下情况，运动员应交换场区。

1）第一局结束。

2）第二局结束（如有第三局）。

3）在第三局比赛中，一方先得 7 分时。

（2）如果运动员未按照规则（1）的规定交换场区，一经发现，在死球时立即交换，已得比分有效。

5．发球

（1）合法发球。

1）开局或者主裁判报得分手势时，对方球员很快做好发球、接发球的准备工作，主裁判鸣哨声（或口令），做出允许发球的手势，选手方可发球。

2）发球员可以站在发球区内任何位置。允许发球后，在球未发出之前，运动员至少有一只脚与场地的地面接触。

3）发球员用手将球向后上方抛起，并使球离开抛球手后上升不少于 10cm。手持拍迎球入拍后，必须采用高入低抛的弧形引化动作将球抛向对方比赛场区（擦网为合法球）。

4）双打比赛时，发球方除发球员外，另一人可选择在赛场内恰当的位置，但不能影响对方的视线。

（2）发球违例。

1）发球员未站在发球区内或脚踩在发球区限制线上发球。

2）发球员发球时未将球明显地抛离手掌 10cm。

3）允许发球后，在球未发出之前，发球员双脚移位或双脚腾空跳起。

4）发球时，球已抛出，球拍已挥动，但未触及抛出的球。

5）出现接抛球违例中的情况（规则）。

（3）发球顺序。

1）第一局由挑边决定取得发球权一方首先发球，以后每局胜方运动员发球。

2）单打比赛，一方每发满 2 个球交换发球权，打满 14∶14 以后开始每球轮换发球。

3）双打比赛，双方应确定第一发球员。

拓展阅读

白榕老师创编柔力球运动的故事

20 世纪 90 年代初期，白榕老师除了进行体育教学外，还担任拳击运动教练。为了提高拳手实战能力和避免更多击打伤害，他想出一个办法，就是把排球的球胆充气和充水后放在拳击手套里，以取代过去拳击手套中鬃毛填充物。受训者佩戴这种充气充水手套具有良好的防护作用，还能显著提高训练效率。做这只安全拳击手套时，白榕老师发现这只水囊既不会跑来跑去，也不会跳来跳去，好拿好扔，就开始拿着洗脸盆扔着继续打，再拿着单只炒菜锅，终于模仿炒菜锅使用铁片制作出第一弧面拍子，当抛接娴熟时发现球到达反手位时使用铁制拍子的凸面不能迎球，于是联想到将拍子中部制成软面，让球拍的两面形成凹面接球，这便是柔力球动作的雏形。

此后，白榕老师反复推敲，翻阅了许多武术书籍，尤其是有关太极理论方面的著作，本着太极拳先引后打，借力打力，经多次实验改进后，1991 年 "太极娱乐球" "球拍" 这两种器械被正式创制。1992 年白榕老师怀着对自己职业生涯的强烈责任感，多次跑到省内各高校并创办柔力球创编组，对这一运动进行综合研究。在前人理论研究的工作基础之上，对武术、羽毛球、网球、乒乓球比赛规则及竞技特点进行了仔细研究，极大地丰富与完善了柔力球比赛理论、技/战术打法，为该项目快速发展奠定了坚实基础。

2000 年 3 月全国老年人体育协会体育工作会议作出了在全国范围内大力推广和普及柔力球运动的决策。2001 年，中国老年人体育协会成立了柔力球推广办公室，邀请了各方面的专家对这项运动进行了改编，修订了中老年竞技比赛和表演赛规则，重新编写了《柔力球教育学》教材并拍摄了大型教学片，通过中央电视台向全国播放，2002 年 11 月举办了全国首届中老年柔力球大赛，比赛规模逐年递增。

课后提升

1. 简述柔力球的起源与发展。

2. 柔力球套路的基本技术是什么？

3. 柔力球竞技项目的评分标准是什么？

参 考 文 献

[1] 翟翠丽，钟贞奇，赵飞燕．民族传统体育项目教程[M]．北京：人民体育出版社，2022．

[2] 姚讼平．体育运动概论[M]．北京：高等教育出版社，2020．

[3] 卢元稹．体育社会学[M]．北京：高等教育出版社，2018．

[4] 崔乐泉．体育史[M]．北京：高等教育出版社，2018．

[5] 刘洋，吴爱民．大学体育（含涉海类）[M]．北京：中国水利水电出版社，2018．

[6] 雷军蓉．中国舞龙教程[M]．北京：北京体育大学出版社，2017．

[7] 段全伟．民族民间体育概论[M]．北京：北京体育大学出版社，2014．

[8] 蒋东升．民族民间体育学[M]．北京：学苑出版社，2014．

[9] 高徐总，田广，等．新编体育与健康[M]．北京：北京师范大学出版社，2015．

[10] 《体育概论》编写组．体育概论[M]．北京：北京体育大学出版社，2013．

[11] 《体育史》编写组．体育史[M]．北京：北京体育大学出版社，2013．

[12] 崔乐泉．体育史话[M]．北京：社会科学文献出版社，2011．

[13] 段全伟．跳绳运动教程[M]．北京：北京体育大学出版社，2010．

[14] 申伟华，尹华丁，彭光辉，等．毛泽东体育思想概论[M]．长沙：湖南人民出版社，2009．

[15] 崔乐泉，杨向东．中国体育思想史：古代卷[M]．北京：首都师范大学出版社，2008．

[16] 高谊，姚树贵．中国舞狮[M]．天津：南开大学出版社，2007．

[17] 农冠品．壮族神话集成[M]．南宁：广西民族出版社，2007．

[18] 樊伟，马俊，王守中．跳绳小学[M]．北京：高等教育出版社，2006．

[19] 唐建军．台球实战技巧[M]．北京：北京体育大学出版社，2005．

[20] 中国武术教程编写委员会．中国武术教材[M]．北京：人民体育出版社，2004．

[21] 田麦久．运动训练学[M]．北京：人民体育出版社，2000．

[22] 黄伟．隋唐民间体育活动述论[J]．唐都学刊，1997（2）：19-23．

[23] 吴忠农，张清垣．简化太极拳练势与运气[M]．北京体育大学出版社，1993．

[24] 辞海编辑委员会．辞海（下）[M]．上海：上海辞书出版社，1979．

[25] 陈正权．中国式现代化背景下西部高校高质量发展路向[J]．国家教育行政学院学报，2022（12）：22-27．

[26] 张元梁，司嫣然，薛原．我国区域竞技体育实力提升的条件组态路径研究——基于31个省（自治区、直辖市）案例的模糊集定性比较分析[J]．西南师范大学学报（自然科学版），2022，47（12）：98-108．

[27] 其濛．羽毛球握拍及发球技术练习（2）[J]．青春期健康，2022，20（11）：32-33．

[28] 杨桦．体育的概念、特征及功能——新时代体育学基本理论元问题新探[J]．体育科

学，2021，41（12）：3-9.

[29] 梁微. 浅析影响社会体育发展的因素及应对策略[J]. 延边教育学院学报，2019，33（3）：136-138.

[30] 崔乐泉，林春. 基于"文化自信"论中华传统体育文化的传承与发展[J]. 北京体育大学报，2018，41（8）.

[31] 裴竞波. 三人板鞋竞速项目训练方法探究[J]. 当代体育技，2017，7（29）：42-44.

[32] 大朋. 青蛙的捕食特征[J]. 阅读，2017（Z6）：1.

[33] 韩军，李社旺，杜长亮. 西方体育传入对中国体育文化演变影响研究[J]. 体育文化导刊，2016（12）：181-186.

[34] 闫静，仇军. 近代我国学校体育制度变迁过程探析[J]. 沈阳体育学院学报，2016，35（4）：7-12.

[35] 罗云涛. 台球运动球杆分类及杆法技巧探索[J]. 体育科技，2016，37（1）：30-31.

[36] 钟红燕. 满族传统体育项目"珍珠球"的历史演变与当代价值[J]. 中央民族大学学报（哲学社会科学版），2015，42（1）：118-121.

[37] 王行. 布洛陀文化视野下田阳壮族舞狮传承与发展研究[D]. 桂林：广西师范大学. 2016.

[38] 王金峰，余水清. 柔力球运动的流变历程与特点探析[J]. 湖北体育科技，2014，33（9），799-801.

[39] 袁彬. 台球在中国的发展及影响其发展的因素研究[J]. 当代体育科技，2014，4（26）：148-149.

[40] Huang S W，Wang L，Liu L M，et al. Nonchemical pest control in China rice：A review[J]. Agronomy for Sustainable Development，2014，34（2）：275-291.

[41] 胡良玉. 满族传统体育项目"珍珠球"的传承与发展[J]. 体育与科学，2013，34（5）：91-94.

[42] 宋卫. 珍珠球抄网技术与持拍技术分类及动作分析[J]. 体育科技，2013，34（4）：73-75.

[43] 苏彦炬，霍少华，郎振国，等. 珍珠球技战术分析[J]. 河北经贸大学学报（综合版），2011，11（2）：119-121.

[44] 陆剑锋. 排球运动教育内涵的启示[J]. 读与写（教育教学刊）. 2011，7（15）.

[45] 王永利，兰文婷. 中国传统舞龙舞狮运动历史文化探索及传播[J]. 搏击（武术科学），2011，8（1）.

[46] 冉孟刚. 舞龙运动的美学特征及力效特征探析[J]. 军事体育进修学院学报，2011，30（3）：29-31.

[47] 王娟. 体育生活化与现代人的健康关系[J]. 湖北体育科技，2011，30（3）：293-294.

[48] 郝勤. 论体育与体育文化[J]. 上海体育学院学报，2012，36（3）：3-6.

[49] 张洪潭. 体育概念研究进展[J]. 体育与科学，2011，32（3）.

[50] 伍广津，翟翠丽. 舞炮龙与舞火龙文化的比较研究[J]. 山东体育学院学报，2010，26（8）：36-41.

[51] 马文海，时金钟，王崇喜．斯诺克台球运动技术的力学分析[J]．武汉体育学院学报，2009，43（4）．

[52] 单智逵，王菁．中国舞狮（北狮）套路演练的发展方向 [J]．军事体育进修学院学报，2009，28（3）：36-38．

[53] 周国海，袁桂才．从案例分析看家庭培养竞技人才方式——以斯诺克运动员丁俊晖为个案[J]．体育科技文献通报，2008，191（11）：27-28．

[54] 于兆杰．中国舞狮的起源及其发展演变[J]．搏击.武术科学，2008（6）：75-76．

[55] 陈燕．跳绳——影响你一生的运动[J]．科教文汇，2008（20）：1．

[56] 任海．论体育现象[J]．天津体育学院学报，2008（4）：277-280．

[57] 陈红新，刘小平．也谈民间体育、民族体育、传统体育、民俗体育概念及其关系——兼与涂传飞等同志商榷[J]．体育学刊，2008，15（4）：8-11．

[58] FabianZuleeg, Russell Whyte. Ananalysis of minorityindigenous sportsinscotland[J]. Scottish executive, 2007(3): 1-50.

[59] 许彩明，卢钦龙，张凯．台球运动中主球运动轨迹的仿真分析[J]．体育科学，2007（4）：80-83．

[60] 陈坚华．台球运动在中国的发展现状及前景分析[J]．体育成人教育学刊，2006（5）：61-62．

[61] 李今亮，赵霞，章潮辉．新规则对世界乒乓球运动技术发展趋势的影响[J]．北京体育大学学报，2005（10）：1414-1416．

[62] 曹继红．近代西方体育文化的传入及其对中国体育发展的影响[J]．沈阳体育学院学报，2005（4）：8-10．

[63] 张瑛秋．中国优秀青年乒乓球运动员技术特征分析[J]．天津体育学院学报，2005（5）：22-24．

[64] 唐建军．中国乒乓球运动发展的技术文化分析[J]．体育科学，2005（7）：79-83．

[65] 刘卫国，刘学贞，许方龙．台球技术旋转的生物力学分析[J]．北京体育大学学报，2004（1）：53-56．

[66] 雷军蓉．中国舞龙运动的社会特性和价值功能[J]．北京体育大学学报，2004（10）：1330-1332．

[67] 唐建军．台球（斯诺克）技术训练初论[J]．北京体育大学学报，2000（2）：275-277．

[68] 李松．十六种跳绳游戏介绍[J]．中国学校体育，2001（4）．

[69] 周开亚．两栖爬行动物的分子系统发生[J]．动物学研究，2001，22（5）．

[70] 王云英．台球运动中的力学问题[J]．天津师大学报（自然科学版），1996（3）．

[71] 熊志冲．传统体育与传统文化[J]．体育文史，1989（5）．

[72] 杨羿．学校体育融入思想政治教育研究[D]．长春：吉林大学，2022．

[73] 叶劲锋．第十一届全国民运会男子珍珠球比赛攻防特征分析[D]．广州：广州体育学院，2021．

[74] 胡雨尘．改革开放以来我国台球运动的演进[D]．北京：北京体育大学，2015．

[75] 刘伟．非物质文化遗产视角下北京白纸坊太狮传承与发展研究[D]．北京：北京体育大学．2012．

[76]　崔建彪．优秀舞狮运动员表现力的结构及培养研究[D]．长沙：湖南师范大学，2012．

[77]　翟翠丽．宾阳炮龙的文化生态环境及其保护[D]．桂林：广西民族大学，2011．

[78]　张晓蓬．中国乒乓球队战术训练水平定量诊断方法及实践效用[D]．北京：北京体育大学，2004．

[79]　闫学荣．重庆市民族传统体育文化发展现状研究[D]．重庆：西南大学，2007．

[80]　赵宇中．贵州几种臭蛙分类、系统发育以及环境因子对其分布影响的研究[D]．贵阳：贵州师范大学，2007．

[81]　张红玲．当今乒乓球运动技战术发展趋势[D]．北京：北京体育大学，2006．

[82]　苏娟，等．高职公共体育立体化教程[M]．北京：北京体育大学出版社，2022．

[83]　排球技术．http://www.docin.com．